한 권으로 배우는
작고 예쁜
꽃자수

한 권으로 배우는 작고 예쁜 꽃자수
: 스티치 하나로 꽃잎이 피어나는 미나랜드의 기초 프랑스 자수

초판 발행 2021년 7월 5일

지은이 장미나(미나랜드) / **펴낸이** 김태헌
총괄 임규근 / **책임편집** 권형숙 / **기획편집** 윤채선 / **디자인** 김아란
교정교열 박정수 / **사진** 정영주(CL Studio)
영업 문윤식, 조유미 / **마케팅** 박상용, 손희정, 박수미 / **제작** 박성우, 김정우

펴낸곳 한빛라이프 / **주소** 서울시 서대문구 연희로2길 62
전화 02-336-7129 / **팩스** 02-325-6300
등록 2013년 11월 14일 제25100-2017-000059호 / **ISBN** 979-11-90846-19-6 13590

한빛라이프는 한빛미디어(주)의 실용 브랜드로 우리의 일상을 환히 비추는 책을 펴냅니다.

이 책에 대한 의견이나 오탈자 및 잘못된 내용에 대한 수정 정보는 한빛미디어(주)의 홈페이지나 아래 이메일로 알려주십시오.
잘못된 책은 구입하신 서점에서 교환해 드립니다. 책값은 뒤표지에 표시되어 있습니다.
한빛미디어 홈페이지 www.hanbit.co.kr / 이메일 ask_life@hanbit.co.kr
한빛라이프 페이스북 facebook.com/goodtipstoknow / 포스트 post.naver.com/hanbitstory

Published by HANBIT Media, Inc. Printed in Korea
Copyright © 2021 장미나 & HANBIT Media, Inc.
이 책의 저작권은 장미나와 한빛미디어(주)에 있습니다.
저작권법에 의해 보호를 받는 저작물이므로 무단 복제 및 무단 전재를 금합니다.

지금 하지 않으면 할 수 없는 일이 있습니다.
책으로 펴내고 싶은 아이디어나 원고를 메일(writer@hanbit.co.kr)로 보내 주세요.
한빛라이프는 여러분의 소중한 경험과 지식을 기다리고 있습니다.

한 권으로 배우는
작고 예쁜 꽃자수

장미나(미나랜드) 지음

스티치 하나로
꽃잎이 피어나는

미나랜드의
기초 프랑스 자수

한빛라이프

◇

다채로운 색으로 물든 꽃자수가 가득한 이곳, 미나랜드에 오신 걸 환영합니다

'미나랜드'는 어린 시절부터 제 꿈이었어요. 만화를 좋아했던 저는 유명한 애니메이션 감독이 되어 디즈니랜드 같은 테마파크를 만들고 싶었답니다. 시간이 흘러 지금은 꽃을 수놓으며 저만의 작품으로 가득한 미나랜드를 만들어가고 있어요.

어릴 때부터 혼자서 꼼지락거리기를 좋아했어요. 책상에 앉아 뜨개질, 종이접기, 그림 그리기 등을 하며 작품을 하나씩 완성할 때마다 뿌듯함을 느꼈어요. 어쩌면 이때부터 디자이너가 되고 싶었던 것 같아요. 대학에서는 미술을 전공하고 졸업하자마자 정신없이 일에만 몰두했습니다. 그 사이에 디즈니랜드를 꿈꾸며 상상의 나래를 펼치던 아이는 사라져버렸지요. 그렇게 6년간 회사 생활을 하다 퇴사한 후 제주도에서 살 기회가 생겼습니다. 혼자만의 시간이 생기자 무언가를 만들며 즐거워하던 시절이 생각났어요. 그때 시작한 것이 프랑스 자수였습니다.

돌이켜 생각해보니 처음 자수를 접한 건 초등학생 때 배운 스킬 자수였습니다. 짧고 통통한 털실을 하나씩 집어 집중해서 끼우다 보면 시간 가는 줄 몰랐어요. 이후에는 십자수도 좋아했어요. 나중에 알고 보니 십자수는 프랑스 자수의 수많은 스티치 기법 중에서 크로스 스티치 하나로 수를 놓는 것이었습니다. 프랑스 자수에 다양한 스티치 기법이 있다는 걸 알고부터 점점 더 자수의 매력에 빠져들었습니다. 같은 도안이라도 어떤 스티치를 쓰느냐에 따라 장미가 되기도 하고 국화가 되기도 하는 걸 보며 본격적으로 꽃자수를 수놓기 시작했어요. '이 스티치는 어떤 꽃에 어울릴까?' '이 꽃은 어떻게 표현해야 좋을까?'를 생각하며 꽃을 다양한 스티치로 표현하는 것을 즐기고 있습니다.

제가 자수를 시작하면서 스티치만으로 여러 가지 꽃 모양을 표현하는 재미에 빠져들었던 것처럼 여러분도 같은 경험을 해보길 바라는 마음을 담아 이 책을 만들었습니다. 먼저 기초적인 스티치 기법을 익히고 9개의 연습 도안을 수놓으며 꽃잎을 다양하게 표현해보세요. 그다음 좋아하는 꽃을 예쁜 색실로 한 땀 한 땀 수놓아봅니다. 빨간 동백꽃, 하얀 토끼풀, 노란 유채꽃, 꽃바구니와 화분까지 아름다운 생화의 색깔을 담은 자수 도안을 소개합니다. 꽃자수와 함께 향기로운 일상을 즐겨보세요. 곧 여러분의 마음속에도 동화처럼 예쁜 공간이 생기길 바랍니다.

이 책을 보는 방법

1

자수를 수놓기 위한 준비를 합니다.

<Basic. 꽃자수와 친해지는 시간>에서는 꼭 필요한 준비물부터 좀 더 다채로운 자수를 위한 부속 재료와 도구까지 소개합니다. 본격적인 자수에 앞서 도안 옮기기, 수틀 끼우기, 수틀 뒷면 마무리하기, 실 꿰기와 매듭짓는 방법 등 준비 과정을 숙지해주세요.

2

기초 스티치를 탄탄히 익힙니다.

<Part 1. 차근차근 익히는 시간>에서는 수많은 스티치 기법 중에서 꽃, 잎, 줄기, 화분을 만드는 데 필요한 22가지 기초 스티치를 배웁니다. 각각의 스티치마다 기본형과 응용형이 있습니다. 기본형을 조금씩 응용하는 것만으로도 다양한 꽃 모양을 표현할 수 있습니다. 헷갈릴 땐 QR코드 영상을 참고해보세요.

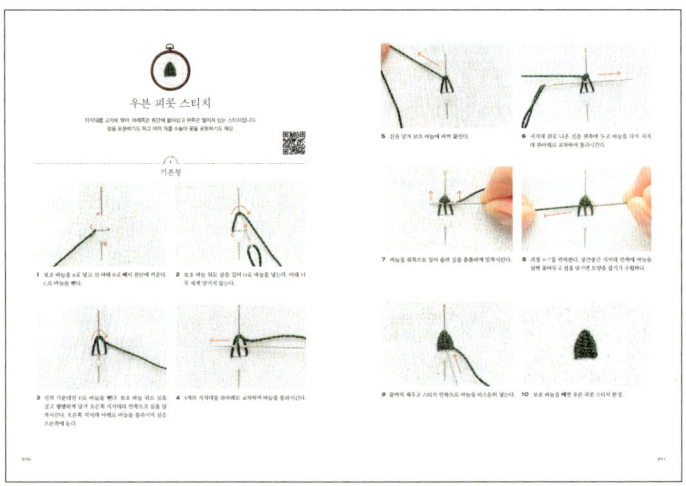

3

**스티치를 자유자재로
수놓을 수 있도록 연습합니다.**

앞서 배운 기초 스티치를 도안에 적용해보겠습니다. 단순한 모양의 꽃을 수놓으며 기초 스티치가 손에 익을 때까지 연습해보세요. 스티치 하나만으로 꽃이 완성되는 걸 보면 자신감이 생길 거예요. 반복해서 연습할수록 시행착오를 줄일 수 있고 실력이 빠르게 향상됩니다.

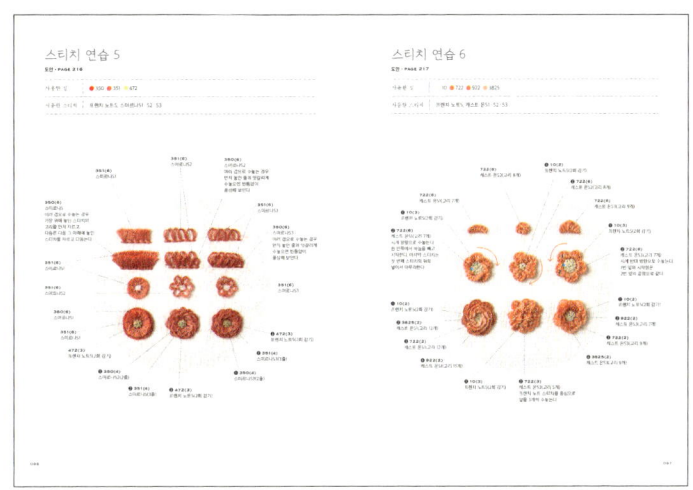

4

**꽃을
하나씩 수놓습니다.**

<Part 2. 꽃을 수놓는 시간>에서는 부록에 있는 실물 크기 선 도안을 천 위에 옮기고 과정을 참조해 수놓습니다. 사용된 실 색깔을 쉽게 볼 수 있도록 실물 도안을 실었습니다. 사용한 실 번호와 컬러칩을 참고해 준비해주세요. 작품 중에서 같은 꽃을 두 가지 도안으로 수놓는 경우도 있습니다. 기본 도안에 익숙해지면 도안 응용하기를 참고해 다양한 꽃자수를 즐겨보세요.

※ 실 번호 옆 괄호 안 숫자는 사용한 실의 가닥 수입니다.
※ 실은 DMC 25번사를 기본으로 사용했으며 다른 종류의 실을 사용한 경우 따로 표시했습니다.

예) **333(6)** : 333번 실 6가닥

CONTENTS

프롤로그 004

이 책을 보는 방법 006

Basic
꽃자수와 친해지는 시간

BASIC 1
꽃자수를 위한 준비물
-
◇ 기본 재료와 도구 015

◇ 도안을 옮기는 재료와 도구 016

◇ 기타 재료와 도구 017

BASIC 2
꽃자수 준비하기
-
◇ 원단 자르기 018

◇ 도안 옮기기 019

◇ 수틀 끼우기 020

◇ 실 준비하기 022

◇ 바늘에 실 꿰기 023

◇ 실 매듭짓기 024

◇ 기본 자세 026

◇ 수틀 뒷면 마무리하기 027

◇ 자수 소품 만들기 029

BASIC 3
꽃자수 표현하기
-
◇ 꽃 도안 쉽게 그리기 032

◇ 컬러 정하기 033

Part 1
차근차근 익히는 시간

#1
꽃을 만드는 스티치

◇ 스트레이트 스티치 038
기본형 / 그라니토스 스티치
밀 플라워 스티치 / 펀 스티치

◇ 프렌치 노트 스티치 040
기본형 / 직선형 / 원형

◇ 레이지 데이지 스티치 042
기본형
레이지 데이지+스트레이트 스티치①
레이지 데이지+스트레이트 스티치②
더블 레이지 데이지 스티치

◇ 스파이더 웹 로즈 스티치 044
기본형 / 도넛형

◇ 블리온 스티치 046
기본형 / 고리형

◇ 로제트 체인 스티치 048
기본형 / 방사형

◇ 링 스티치 050
기본형 / 휘프드 링 스티치

◇ 드리즐 스티치 052
기본형 / 연결형 / 2단 드리즐 스티치

◇ 스미르나 스티치 055
기본형 / 고리형 / 겹친 고리형

◇ 캐스트 온 스티치 058
기본형 / 고리형 / 반달형

#2
잎을 만드는 스티치

◇ 플라이 스티치 064
기본형 / 플라이 리프 스티치

◇ 피시본 스티치 066

◇ 새틴 스티치 067

◇ 블랭킷 스티치 068
기본형 / 블랭킷 링 스티치

◇ 우븐 피콧 스티치 070

#3
줄기를 만드는 스티치

◇ 아웃라인 스티치,
  스템 스티치 074
기본형 / 원형

◇ 백 스티치 077

#4
꽃을 꾸미는 스티치

◇ 체인 스티치 080
기본형 / 원형 / 사각형

◇ 스플릿 스티치 082

◇ 바스켓 스티치 084

◇ 리본 스티치 086

◇ 비즈 스티치 088
가로형 / 세로형

#5
스티치 연습 090

Part 2
꽃을 수놓는 시간

#1 보라색과 파란색 꽃

◇ 라벤더　104　　◇ 블루스타　108　　◇ 나비수국　112　　◇ 클레마티스　116

도안 응용하기 : 라벤더 리스

#2 노란색과 주황색 꽃

◇ 해바라기　122　　◇ 유채꽃　126　　◇ 아이슬란드 포피　130　　◇ 개나리　134

도안 응용하기 : 해바라기 패턴

도안 응용하기 :
아이슬란드 포피 꽃병

#3 분홍색 꽃

◇ 사과꽃　140　　◇ 매화　144　　◇ 벚꽃　148　　◇ 소국　152

#4 빨간색 꽃

◇ 동백　　　　　　　158　　　◇ 채송화　　　　　　162　　　◇ 꽃양귀비　　　　　166　　　◇ 카네이션　　　　　170

도안 응용하기 : 카멜리아힐 동백

#5 흰색 꽃

◇ 스노우드롭　　　　176　　　◇ 토끼풀　　　　　　180　　　◇ 백합　　　　　　　184　　　◇ 왁스플라워　　　　188

#6 특별한 색상 조합

◇ 네 가지 화분　　　194　　　◇ 가을 꽃수레　　　　198　　　◇ 핼러윈 호박　　　　202　　　◇ 크리스마스 꽃다발 206

도안 응용하기 : 히야신스 화분　　도안 응용하기 : 봄날 꽃수레　　　　　　　　　　　　　　　　　도안 응용하기 : 크리스마스 리스
　　도안 응용하기 : 크리스마스 트리

◇ 부록

실물 크기 도안 210

Basic

꽃자수와 친해지는 시간

꽃자수를 위한 준비물

기본 재료와 도구

1
원단

자수 원단으로는 주로 리넨, 광목, 무명 등을 사용하는데 이 책에서는 11수 하프 리넨(리넨+코튼)과 20수 워싱 광목(코튼 100%)을 사용하였다. 원단의 이름 앞에 붙은 '수'는 원단을 짜는 실의 굵기를 뜻하며, 숫자가 커질수록 실의 굵기가 얇고 촘촘하게 짜인 부드러운 원단이 된다.

※ 자수를 놓은 후에 세탁을 할 때 원단에 따라 수축 현상이 생길 수 있다. 이런 천은 미리 물세탁을 해야 하는 번거로움이 있는데, 워싱 가공 처리가 된 원단을 사용하면 편하다.

2
바늘

실의 가닥수와 용도에 맞게 사용한다. 일반적으로 3~9호까지 크기가 다양하게 구성된 자수 바늘 세트를 구매하면 활용도가 좋다. 호수가 커질수록 바늘이 가늘고 작아진다. 아래 표를 참고하여 실 가닥수에 따라 적당한 바늘을 고른다.

실 가닥수	1~2가닥	3~4가닥	5~6가닥
바늘 크기	8~9호	5~7호	3~4호

※ 바늘도 소모품이라서 오래 사용하면 변색되거나 녹이 슬어 원단을 통과할 때 뻑뻑한 느낌이 든다. 이때는 새 바늘로 교체하거나 바늘 클리너로 닦아 사용하는 게 좋다.

3
실

- 애플톤 울사(A) : 1가닥으로 이루어진 실이다. 양털(울)로 만들어서 부드럽고 포근한 느낌을 표현할 수 있다.

- DMC 25번 면사(B) : 가장 많이 사용하는 기본 자수실이다. 6가닥의 꼬임으로 이루어져 있어서 필요한 가닥만큼 뽑아서 사용한다.

- DMC 라이트 이펙트사(C) : 반짝이는 메탈릭 질감의 실이다. 25번 면사와 같이 6가닥의 꼬임으로 이루어져 있으며 필요한 가닥만큼 뽑아서 사용한다. 면사보다 잘 엉키고 끝이 갈라지기 쉬우니 사용할 때 주의해야 한다.

- DMC 5번 면사(D) : 광택이 있는 굵은 면사로 펄 코튼사라고도 불린다. 굵기가 굵어 주로 1가닥으로 수를 놓는다.

4
수틀

원단을 팽팽하게 고정시켜 수를 고르고 예쁘게 놓을 수 있다. 수틀의 크기는 수놓을 도안이 쏙 들어가는 것이 적당하다. 너무 큰 수틀을 사용하면 손목에 무리가 갈 수 있으니 처음에는 한 손에 잡히는 10~12cm 정도의 수틀을 사용하면 좋다. 수틀은 나무, 고무, 플라스틱 등의 재질이 있고, 모양도 여러 가지이므로 취향에 따라 고를 수 있다.

5
가위

원단을 자를 때는 재단용 가위(A)를 사용하고 실을 자를 때는 날끝이 예리하고 절삭력이 좋은 자수용 가위(B)를 사용한다. 용도를 구분해서 사용해야 날이 상하지 않고 오래 쓸 수 있다.

◇
도안을 옮기는 재료와 도구

1
트레이싱지 (기름 종이)

반투명하고 얇은 종이로 도안을 옮겨 그릴 때 사용한다.

2
라이트 박스

빛을 투과하여 도안을 쉽게 그릴 수 있다. 일반적으로 밝은색 원단에 사용한다.

3
수용성 심지

물에 녹는 얇은 심지로 도안을 직접 그리기 어려운 원단(니트처럼 늘어나는 원단)이나 색이 어두운 원단에 수를 놓을 때 사용한다. 수용성 심지에 도안을 그린 후 자수 천과 겹쳐 수틀에 끼워 사용한다. 자수를 완성한 후에는 수를 놓지 않은 부분을 짧게 잘라 물에 씻어 녹인다.

4
모양자

도안을 정확하게 그려야 깔끔하게 수놓을 수 있기 때문에 직선이나 원형을 그릴 때는 자를 사용한다.

5
열펜

드라이어나 다리미로 열을 가하면 잉크가 지워지는 펜으로 원단에 도안을 그릴 때 사용한다. 다양한 굵기의 제품이 있어서 섬세하게 도안을 그릴 수 있다.

※ 심지의 잔여물을 완전히 제거하지 않으면 실이나 원단에 묻어 딱딱하게 굳을 수 있으니 손으로 살살 문질러 미끌거리는 잔여물이 없도록 씻어야 한다.

◇

기타 재료와 도구

실뜯개

수를 잘못 두거나 마음에 안 들 때 실뜯개를 사용하면 원단을 상하게 하지 않으면서 쉽게 실을 뜯을 수 있다.

올 풀림 방지액

파우치나 에코백처럼 실용적인 소품을 만들 때 자수 뒷면의 매듭에 살짝 발라 실이 풀리지 않게 고정한다.

※ 올 풀림 방지액이 원단에 번지면 자수를 놓은 부분에 티가 날 수 있으니 실에만 톡톡 묻혀준다.

펠트지

수틀 액자의 뒷면을 깔끔하게 마무리해준다. 이 책에서는 두께 1.2mm 하드 펠트지(유수지)를 사용했다.

비즈 바늘

바늘귀가 작고 몸통이 가늘어서 비즈 구멍을 쉽게 통과할 수 있다. 비즈 바늘이 없다면 9호 바늘을 사용한다.

투명사

매우 얇고 투명한 실로, 작은 비즈를 통과시켜 깔끔하게 수놓을 수 있다.

비즈

모양, 크기, 색깔이 매우 다양하며 다채로운 자수를 표현할 수 있다. 꽃 자수에는 2~3mm의 시드 비즈, 육각 비즈를 주로 사용한다.

EMBROIDERY 2 BASIC

꽃자수 준비하기

◇ 원단 자르기

원단에 여유가 너무 없으면 수틀에 끼우기도 힘들고 뒷면을 깔끔하게 마무리하기도 어렵다. 반대로 원단이 너무 크면 수를 놓을 때 걸리적거려 불편하므로 적절한 크기로 잘라서 사용한다. 만약 원단으로 소품을 만들지 않고 수틀에 끼운 상태로 액자처럼 보관한다면, 사용할 수틀의 지름보다 원단을 7~8cm 정도 크게 자른다.

도안 옮기기

1
트레이싱지에 옮겨 그리기

도안 위에 트레이싱지를 올리고 펜으로 도안을 그린다. 혹은 도안을 트레이싱지에 복사해서 사용해도 좋다.

2-1
원단에 옮겨 그리기

라이트 박스 위에 트레이싱지(도안)를 올린 후 원단을 올려 시침핀으로 고정한다. 원단에 비친 선을 따라 열펜으로 도안을 그린다. 라이트 박스가 없다면 컴퓨터나 태블릿 PC 화면, 햇살이 비치는 창문에 대고 그릴 수도 있다.

2-2
수용성 심지에 그리기

트레이싱지(도안) 위에 수용성 심지를 올린 후 시침핀이나 마스킹 테이프로 고정한다. 수용성 심지에 비친 선을 따라 열펜으로 도안을 그린다. 자수 원단 위에 도안을 그린 수용성 심지를 올려 수를 놓는다.

수틀 끼우기

1 수틀 위쪽의 나사를 풀어 나사가 달린 바깥쪽 틀과 안쪽 틀을 분리한다.

2 수틀의 안쪽 틀을 원단 위에 올리고 도안이 중심에 오도록 위치를 잡은 후 외곽선을 그린다.

TIP | 외곽선을 그려놓으면 이후에 바깥쪽 틀을 끼울 때 원단을 당기면서 도안이 변형되는 것을 방지하고 도안의 위치를 정확하게 잡을 수 있어요.

3 안쪽 틀 위에 원단을 외곽선에 맞춰 올린다.

4 도안 위치가 틀어지지 않도록 바깥쪽 틀을 올리고 양손으로 수틀 전체를 눌러 끼운다. 수틀이 잘 끼워지지 않을 때는 나사를 더 풀고, 너무 헐거울 때는 나사를 조금 조인다.

5 수틀이 빠지지 않을 정도로 나사를 조금씩 조이면서 수틀 바깥으로 나온 원단을 골고루 당겨 팽팽하게 고정한다.

TIP | 자수를 놓다 보면 원단이 조금씩 헐거워집니다. 중간중간 원단을 당겨 팽팽한 상태를 유지해야 수를 고르게 놓을 수 있어요.

6 원단이 움직이지 않게 나사를 완전히 조인다.

★ 수용성 심지에 도안을 그린 경우 과정 3에서 안쪽 틀 → 원단 → 심지 순으로 올리고 다음 과정을 진행한다.

실 준비하기

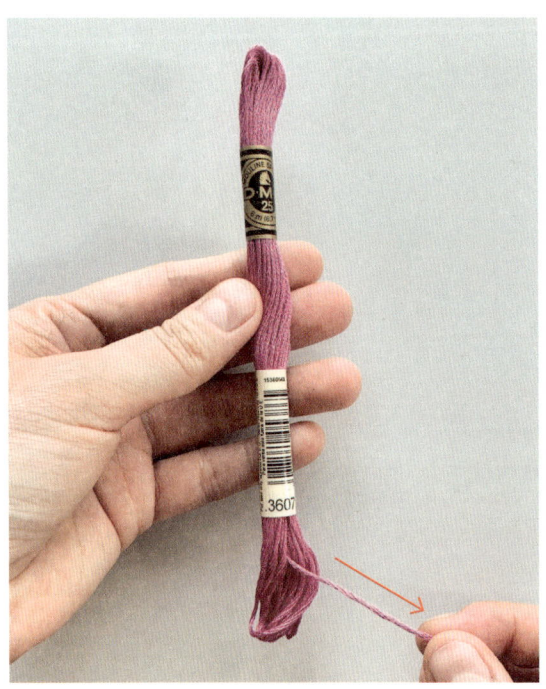 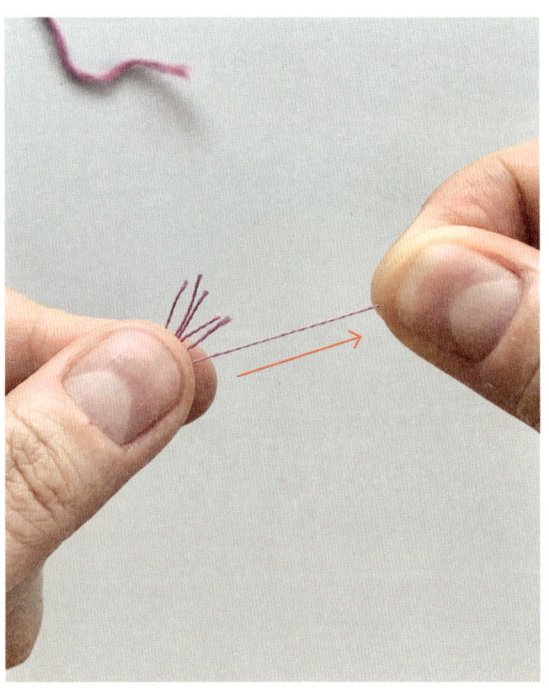

1 실 타래의 아래쪽으로 나와있는 실을 당겨 50~60cm 길이로 자른다.

   TIP | 실 길이가 너무 짧으면 실을 자주 갈아야 하고, 너무 길면 번번이 엉키게 돼요. 보통 한쪽 팔 길이만큼 잘라서 쓰면 팔에 무리가 가지 않고 적당하게 쓸 수 있어요.

2 실 끝의 꼬임을 살짝 풀어주고 1가닥씩 잡아서 필요한 만큼 뽑아 사용한다.

   TIP | 실은 꼭 1가닥씩 뽑은 다음 가지런하게 모아서 사용해야 실이 꼬이지 않고 결이 예쁘게 수놓을 수 있어요. 수를 놓다 보면 실이 꼬이기도 하는데 바늘을 빼거나 원단 쪽으로 보낸 후에 실을 1가닥씩 다시 정리하고 진행해주세요.

바늘에 실 꿰기

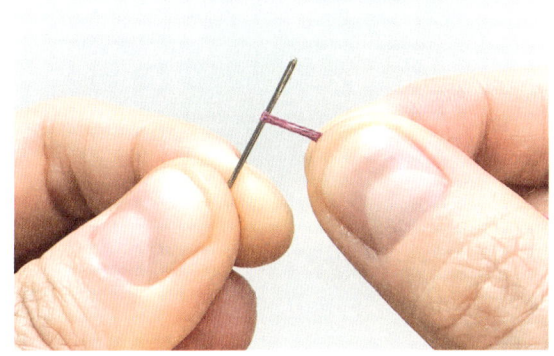

1 실 끝을 바늘에 걸쳐서 접는다.

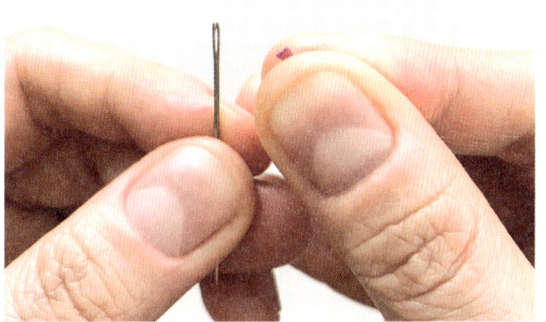

2 바늘을 아래로 빼고 접은 부분을 눌러서 납작하게 만든다.

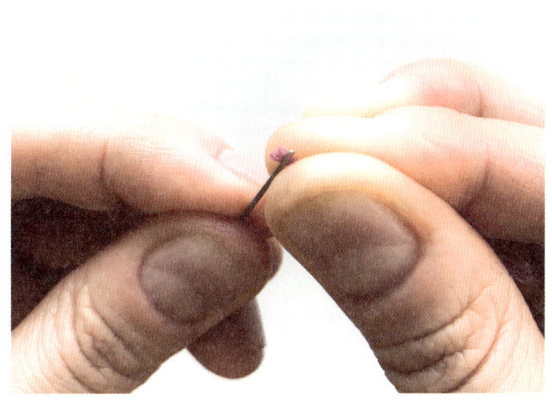

3 실 끝이 아주 약간 올라오게 바짝 잡은 상태로 바늘 구멍에 넣는다.

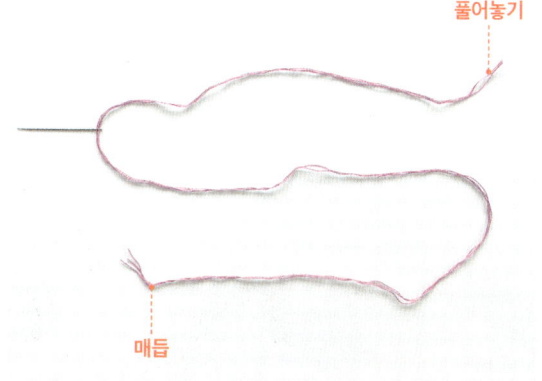

4 실을 당겨 1/3 정도 겹친 상태로 정리하고 길이가 긴 쪽 실의 끝에 매듭을 짓는다.

TIP | 한쪽 끝이 풀어있어야 수를 잘못 놓거나 마음에 안 들 때 바늘을 빼고 되돌아갈 수 있어요.

◇ 실 매듭짓기

1
시작 매듭

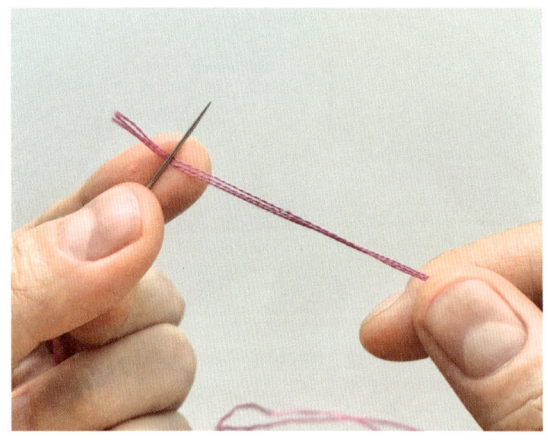

1 바늘을 잡고 바늘과 검지 사이에 실을 십자 모양으로 겹친다.

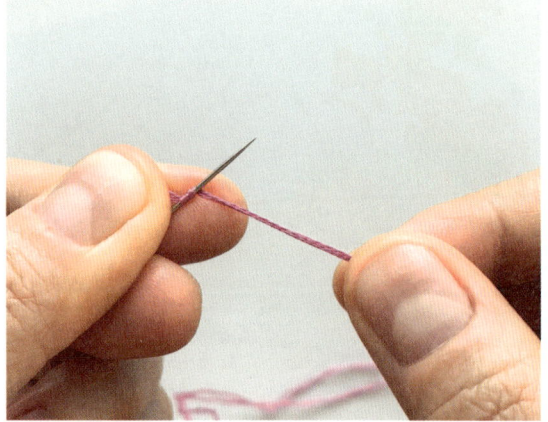

2 실 끝과 바늘을 동시에 잡고 실을 바늘에 감는다. 실의 가닥수에 따라서 2~3번 감아준다.

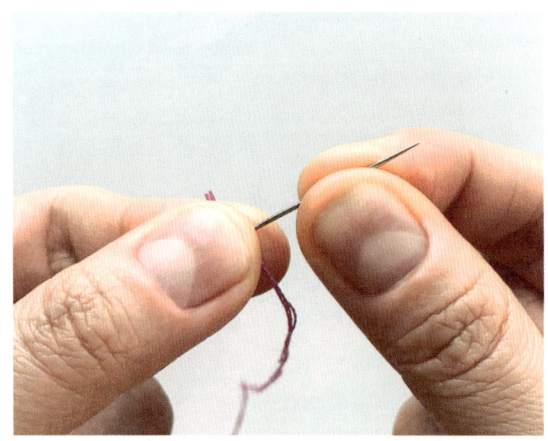

3 감긴 부분을 잡고 다른 손으로 바늘을 위로 빼서 당긴다.

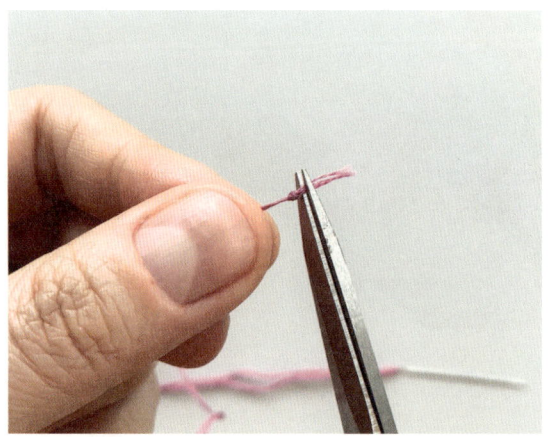

4 매듭을 튼튼하게 고정하고 남은 실은 매듭 가까이 짧게 잘라준다.

TIP | 매듭의 끝이 긴 상태로 수를 놓다 보면 실이 위로 딸려 올 수 있어요.

2 마무리 매듭

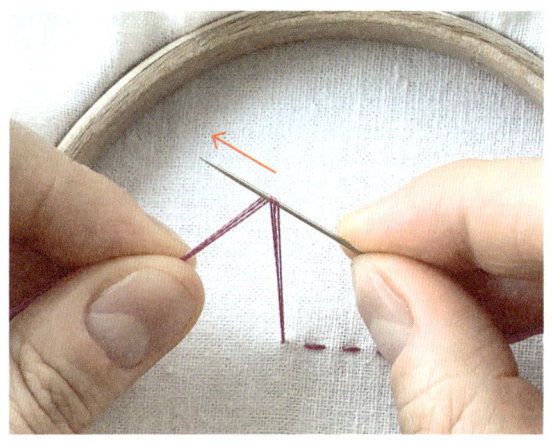

1 왼손으로 실을 잡고 바늘을 실 뒤에서 앞으로 넣어 당긴다.

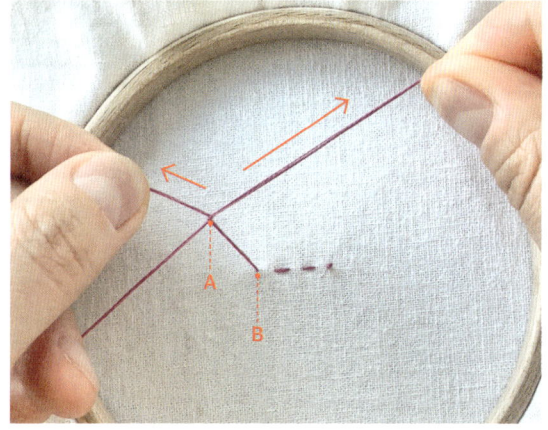

2 사진과 같이 고리가 만들어지면 실의 교차점(A)이 원단(B)에 밀착되도록 실을 팽팽하게 당긴다.

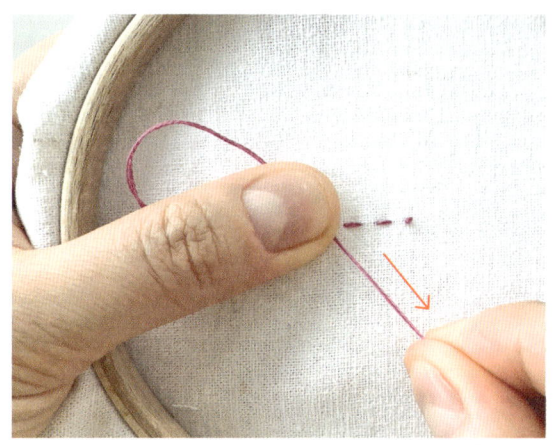

3 A가 B에 바짝 붙으면 손으로 누른 상태로 실을 당긴다.

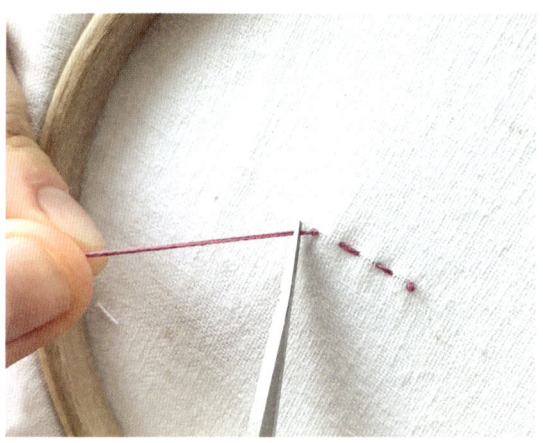

4 매듭 가까이 실을 잘라서 마무리한다.

기본 자세

한 손으로 가볍게 수틀을 잡고 다른 손 엄지, 검지, 중지로 안정감 있게 바늘을 잡는다. 바늘을 원단에 수직으로 찔러서 넣고 빼야 정확한 위치에 수를 놓을 수 있다.

수틀 뒷면 마무리하기

1 안쪽 수틀의 내경 크기로 펠트지를 잘라 준비한다.

2 자수를 완성한 후 수틀 바깥쪽의 원단을 2cm 정도 남기고 동그랗게 자른다.

3 수틀을 뒤집어 남은 원단을 촘촘하게 홈질한다.

4 실을 팽팽하게 당겨서 원단을 수틀 안쪽으로 오므리고 실을 지그재그로 꿰어 고정한다.

5 준비한 펠트지를 올리고 블랭킷 스티치로 원단과 연결한다. 이때 시작하는 부분의 반대쪽을 시침핀으로 고정해서 펠트지가 움직이지 않도록 한다.

TIP | 실은 중간에 끊기지 않도록 펠트지 둘레의 3배 이상의 길이로 준비해주세요.

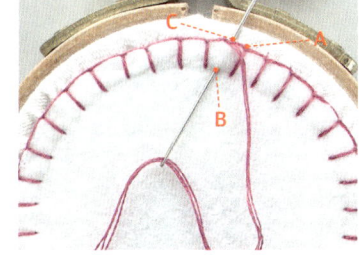

6 일정한 간격으로 둘레를 따라 스티치를 하고 첫 번째 스티치(A)에 걸어서 (B)로 넣고 펠트지와 원단 사이(C)로 뺀다.

7 바늘이 나온 펠트지와 원단 사이로 2~3번 짧은 땀을 수놓고 실을 고정한다. 다시 펠트지 뒤에서 앞쪽 중간으로 바늘을 빼서 실을 당기고 나온 실을 바짝 자른다.

8 뒷면을 깔끔하게 보관할 수 있다.

TIP | 사진에서는 스티치가 잘 보이도록 분홍색 실을 사용했지만 펠트지 컬러와 맞추면 깔끔하게 마무리할 수 있어요.

자수 소품 만들기

1
반제품 활용하기

1 도안을 반제품(광목 파우치, 에코백, 손수건 등)에 옮겨 그린다.

TIP | 트레이싱지를 사용한다면 반제품 안쪽에 트레이싱지를 넣어 열펜으로 선을 따라 그리고, 수용성 심지를 사용한다면 제품 위에 올려 수틀을 끼워주세요.

2 제품을 넓게 펼쳐 수틀을 끼운 후 주변 원단이 걸리적거리지 않도록 잘 잡고 수를 놓는다.

2 향주머니 만들기

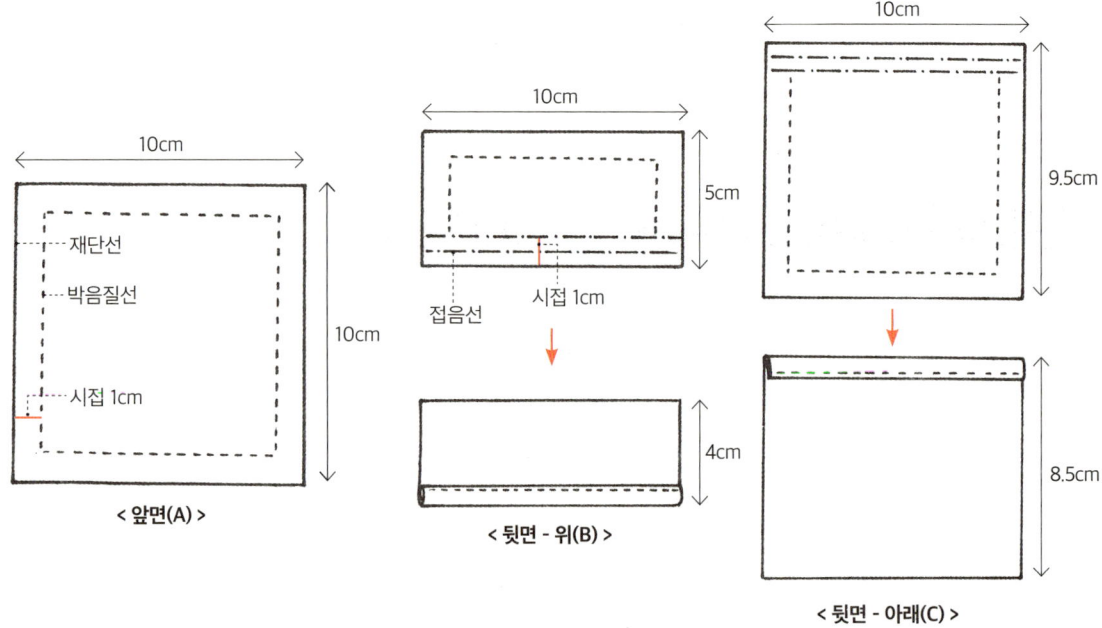

1 자수를 놓기 전, 재단선보다 여유 있게 천을 잘라 수를 놓는다. 자수를 완성한 후 10×10cm 크기로 자른다.

2 뒷면은 위아래를 따로 만든다. 위쪽 판(B)은 앞면(A)과 같은 원단으로, 아래쪽(C) 판은 얇고 속이 비치는 노방 원단으로 재단한다. 뒷면의 위아래 판이 겹치는 부분은 시접을 2번 접어 박음질한다.

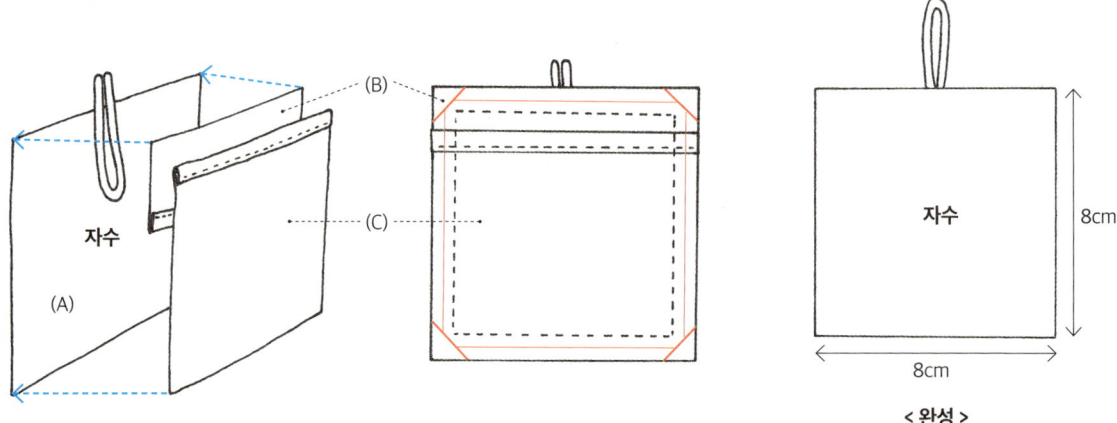

3 앞면(A)의 수놓은 부분이 위로 오게 한다. 그 위에 리본 끈, 뒷면의 위쪽 판(B), 뒷면의 아래쪽 판(C) 순서로 겹쳐놓고 테두리를 박음질한다.

TIP | 박음질한 후 모서리와 시접을 짧게 잘라 정리하면 뒤집었을 때 깔끔하게 마무리돼요.

4 (B)와 (C)를 벌려 뒤집고 주머니 안에 포푸리를 넣어 완성한다.

TIP | 포푸리를 다시백에 담아 향주머니에 넣으면 내용물이 빠지지 않으므로 깔끔하게 사용할 수 있어요.

지퍼 파우치 만들기

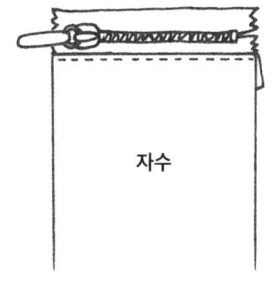

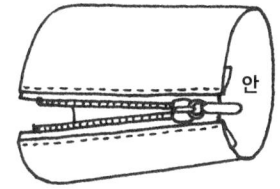

1 자수를 놓기 전, 재단선보다 여유 있게 천을 잘라 수를 놓는다. 자수를 완성한 후 12×22cm 크기로 자른다.

2 겉감의 시접(1cm)을 안쪽으로 접어 지퍼 위에 올리고 박음질한다.

3 반대쪽도 같은 방법으로 박음질하여 지퍼와 연결한다.

TIP | 이때 지퍼를 연 상태로 박음질하면 수월해요.

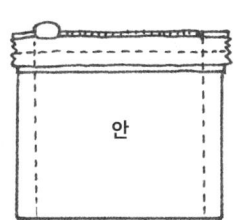

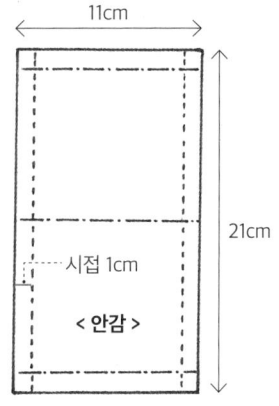

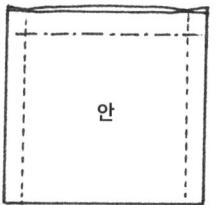

4 겉감을 뒤집어서 양옆의 시접(1cm)을 박음질하고 다시 뒤집어서 겉감을 완성한다.

5 안감을 11×21cm 크기로 재단한다.

6 안감의 겉면이 마주보도록 반을 접고 양옆의 시접(1cm)을 박음질한다.

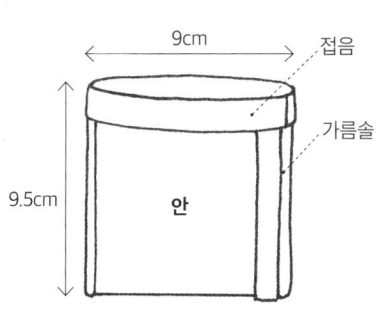

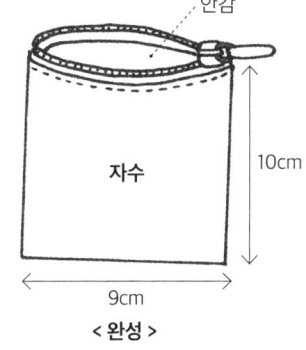

7 옆선의 시접을 가름솔하고 안감 입구의 시접(1cm)을 바깥쪽으로 접는다.

8 완성된 겉감 안에 안감을 넣고 공그르기로 연결하여 완성한다.

EMBROIDERY 3 BASIC | 꽃자수 표현하기

◇

꽃 도안 쉽게 그리기

수놓고 싶은 꽃이 생기면 먼저 자료를 수집합니다. 실물 꽃이 있다면 가장 좋겠지만 그렇지 않은 경우 예전에 찍어둔 사진이나 여러 홈페이지, SNS(핀터레스트, 구글 이미지, 네이버 이미지, 인스타그램 등)에서 최대한 많은 참고 이미지를 찾아 폴더에 담습니다. 이렇게 수집한 다양한 각도의 꽃 이미지들을 화면에 동시에 널어놓고 스케치합니다. 스케치를 하면서 어떤 스티치를 사용할지도 정합니다. 여러 개를 그려보고 특징을 가장 잘 살릴 수 있는 형태와 구도를 정합니다. 먼저 줄기를 그려서 위치를 잡고 잎과 꽃을 그립니다. 꽃은 모양이나 크기에 따라서 원형자를 사용하여 그리면 편합니다. 보통 꽃은 꽃의 중심에 꽃술이 있고 방사형으로 꽃잎이 있어서 원형자를 사용하면 간단하게 도안을 그릴 수 있습니다.

컬러 정하기

도안이 완성되면 사용할 실 컬러를 정합니다. 찾아놓은 이미지를 참고하여 가장 비슷한 느낌의 컬러를 고릅니다. 주로 DMC 25번 실을 사용하는데, 저는 모든 컬러의 실을 하나씩 가지고 있어서 비슷한 컬러의 실을 다 꺼내서 비교해본 후 색을 고릅니다. 실을 다 가지고 있지 않다면 DMC 컬러 샘플북을 구매해서 원하는 색을 고른 후 실을 사면 됩니다. 또는 가까운 곳에 실을 파는 매장이 있다면 직접 가서 저장해둔 사진을 보며 실을 골라도 됩니다. 그리고 한 가지 컬러에서 자연스러운 변화를 주고 싶다면 맘에 드는 컬러의 실 번호에서 앞뒤 번호를 찾아봅니다. 예를 들어 초록색은 3362, 3363, 3364번을 섞어 사용하면 자연스러운 톤 변화를 줄 수 있습니다. 연속된 번호의 실 컬러보다 더 다양한 컬러를 사용하고 싶거나 연속된 번호가 없을 경우 느낌이 비슷한 컬러를 찾습니다.
(연두색~초록색: 471, 934, 935, 3345, 3346, 3347, 3348 / 분홍색: 23, 151, 3733)

꽃바구니, 꽃다발, 리스 같은 다양한 색의 꽃이 들어간 도안으로 자수를 한다면 바로 실 색깔을 정하기가 어려울 수 있습니다. 예쁜 컬러 조합의 이미지를 참고해서 실을 골라보세요. 실제 꽃바구니나 꽃다발을 참고해도 좋고 예쁜 그릇, 옷, 건물, 인테리어, 네일, 팬톤 컬러 등 다양한 사물에서 영감을 얻어 나만의 컬러 조합을 만들어보세요.

• 자주 사용하는 컬러 •

1. 화이트~아이보리 계열	○ BLANC ○ 3865 ● 3866 ● 6
2. 브라운 계열	● 3893 ● 841 ● 840 ● 839 ● 3031
3. 핑크 계열	● 23 ● 151 ● 3733 ● 602 ● 601 ● 600 ● 326 ● 902
4. 옐로우 계열	● 746 ● 677 ● 3821 ● 3820 ● 3852 ● 783 ● 782
5. 오렌지 계열	● 3854 ● 3853 ● 922 ● 921 ● 920 ● 3857
6. 레드 계열	● 351 ● 350 ● 349 ● 347 ● 321 ● 304 ● 816
7. 블루 계열	○ 3753 ● 3325 ● 3747 ● 826 ● 156 ● 3807 ● 792 ● 797 ● 823
8. 퍼플 계열	● 211 ● 153 ● 209 ● 544 ● 33 ● 34 ● 35 ● 552 ● 154
9. 그린 계열	○ 10 ● 3013 ● 3364 ● 3363 ● 3362 ● 520 ● 319 ● 500 ● 3348 ● 471 ● 3347 ● 3346 ● 3345 ● 935 ● 934 ● 987 ● 986 ● 895 ● 890

Part 1

차근차근 익히는 시간

Embroidery Stitch

◇

스트레이트 스티치 / 프렌치 노트 스티치

레이지 데이지 스티치 / 스파이더 웹 로즈 스티치

블리온 스티치 / 로제트 체인 스티치

링 스티치 / 드리즐 스티치

스미르나 스티치 / 캐스트 온 스티치

#1

꽃을 만드는 스티치

스트레이트 스티치

직선으로 한 땀을 수놓는 기본 스티치로, 다양하게 응용할 수 있습니다. 그라니토스 스티치는 도톰한 느낌이 납니다. 밀 플라워 스티치는 스트레이트 스티치를 방사형으로 수놓아 꽃 모양을 만든 형태입니다. 펀 스티치는 스티치 3개의 한쪽 끝을 붙여 만듭니다.

1 기본형

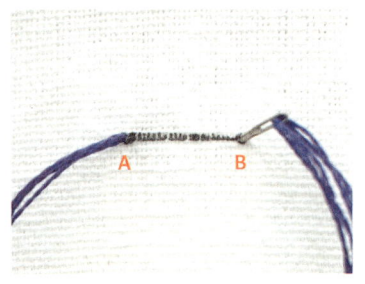
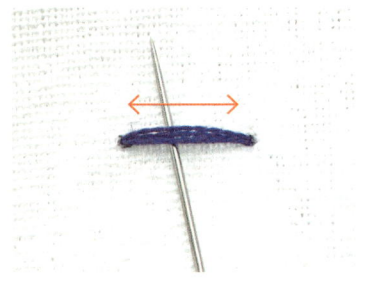

1 A로 바늘을 빼서 B로 넣는다.

TIP | 실을 여러 가닥씩 사용할 땐, 1가닥씩 뽑은 다음 다시 모아서 사용해야 실의 꼬임 없이 가지런하게 수놓을 수 있어요.

2 원단과 실 사이에 바늘을 넣고 좌우로 움직여 가지런히 매만진다.

3 스트레이트 스티치 완성.

2 그라니토스 스티치

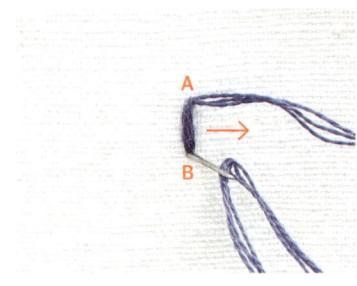
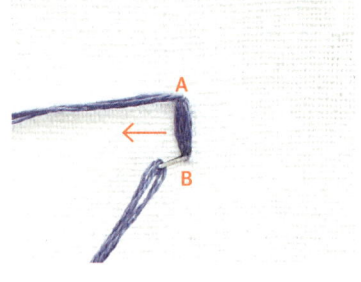

1 스트레이트 스티치 기본형을 수놓고 다시 A로 바늘을 빼서 실을 스티치의 오른쪽에 두고 B로 넣는다. 실을 조심스럽게 당겨 첫 번째 스티치의 오른쪽에 두 번째 스티치를 수놓는다.

2 다시 A로 바늘을 뺀 뒤 이번에는 실을 왼쪽에 놓고 B로 넣는다. 실을 조심스럽게 당겨 첫 번째 스티치의 왼쪽에 세 번째 스티치를 수놓는다.

3 원하는 두께만큼 양쪽에 번갈아가며 스티치를 해주면 완성.

TIP | 같은 구멍으로 바늘을 넣고 빼야 예쁜 모양이 만들어져요.

③ 밀 플라워 스티치

1. 바깥쪽 원에서 바늘을 빼고 안쪽 원으로 넣어 스트레이트 스티치를 수놓는다.

   TIP | 안쪽부터 시작하면 촘촘하게 스티치 할 경우 간격이 좁아 매듭이 걸리적거려요.

2. 도안을 따라 원하는 간격으로 채운다.

   TIP | 미리 가이드 선을 그려놓으면 삐뚤지 않게 일정한 간격으로 수놓을 수 있어요.

3. 스트레이트 스티치 한 땀의 길이나 두께, 간격에 따라서 다양한 모양으로 밀 플라워 스티치를 완성할 수 있다.

④ 펀 스티치

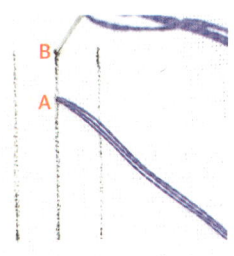
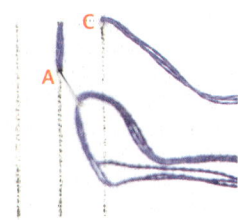

1. A로 바늘을 빼고 B로 넣어서 첫 번째 스트레이트 스티치를 수놓는다.

2. C로 바늘을 빼고 A로 넣어서 두 번째 스트레이트 스티치를 수놓는다.

3. D로 바늘을 빼고 A로 넣어서 세 번째 스트레이트 스티치를 수놓는다.

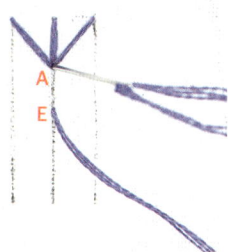

4. 펀 스티치의 한 세트가 완성된다. A와 B의 간격과 같은 길이만큼 아래로 내려와 E로 바늘을 빼서 과정 1~3을 원하는 길이만큼 반복한다.

5. 사진처럼 직선이나 곡선으로 수놓아서 잎맥이나 가지를 표현할 수 있다.

프렌치 노트 스티치

바늘에 실을 감아서 매듭 형태를 만드는 스티치입니다.

1
기본형

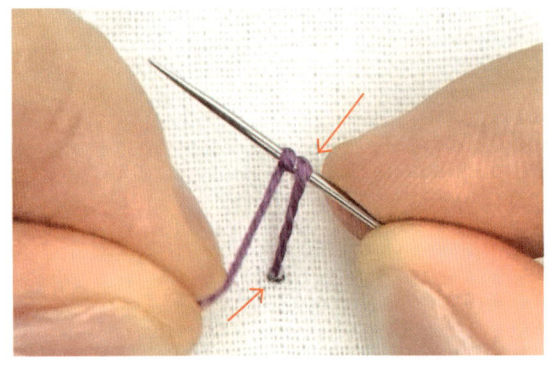

1 원하는 위치에서 바늘을 빼고, 나온 실을 손으로 잡아 바늘에 2~3회 감는다.

TIP | 실을 바늘 가까이 팽팽하게 잡고 바늘에 감은 부분이 풀어지지 않게 손가락으로 눌러요.

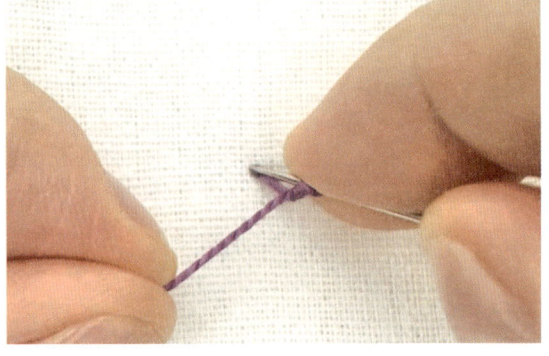

2 감은 실을 누른 채 실이 나온 구멍 바로 옆으로 바늘을 수직으로 넣는다.

3 감은 실이 풀리지 않게 실을 팽팽하게 당기면서 바늘을 뺀다.

TIP | 바늘귀가 잘 안 빠지면 실이 감긴 반대 방향으로 살짝 돌려서 빼고, 다시 손으로 실을 살짝 당겨 매듭이 커지지 않게 해주세요. 오른손으로 실을 천천히 당기면서 거의 다 빠져나갈 때까지 왼손은 계속 실을 잡고 있어야 매듭이 커지지 않고 실이 엉키지 않아요.

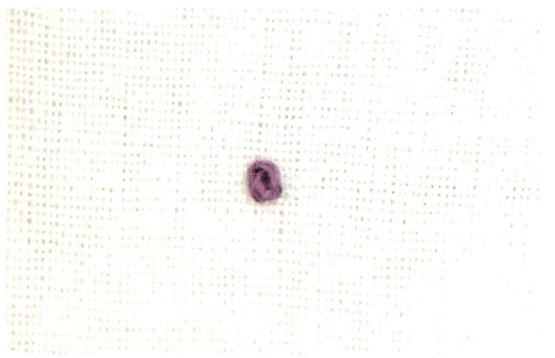

4 프렌치 노트 스티치 완성.

TIP | 수틀에 끼운 원단이 팽팽해야 수놓기가 편해요.

② 직선형

 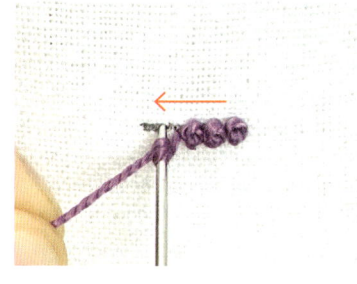 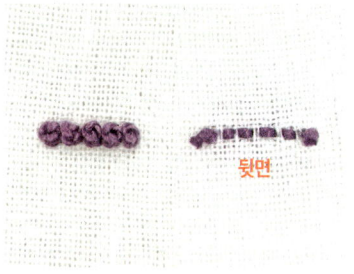

1 선을 따라서 먼저 놓인 스티치와 바짝 붙여서 바늘을 뺀다.

   TIP | 오른쪽에서 왼쪽으로 진행하면 수놓기가 수월해요.

2 바늘에 실을 감아서 선 위로 바늘을 넣는다.

3 선을 따라서 바늘을 넣고 빼면 삐뚤지 않게 수를 놓을 수 있다. 뒷면은 러닝 스티치와 같은 모양이 된다.

③ 원형

1 직선형을 수놓는 것처럼 원을 따라서 시계 방향으로 진행한다.

2 원을 따라서 테두리를 먼저 수놓는다.

3 빈 공간을 채워주면 완성.

   TIP | 원이 크다면 테두리를 따라서 안쪽으로 한 줄씩 촘촘하게 채워주세요.

레이지 데이지 스티치

꽃잎과 잎사귀를 표현할 수 있는 물방울 모양의 귀여운 스티치입니다.
스트레이트 스티치와 함께 수놓거나 더블 레이지 데이지 스티치로 응용합니다.

1
기본형

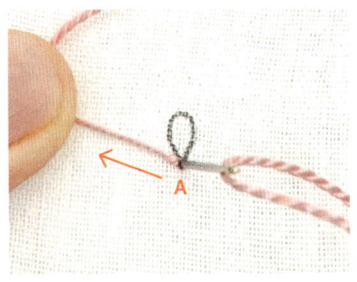

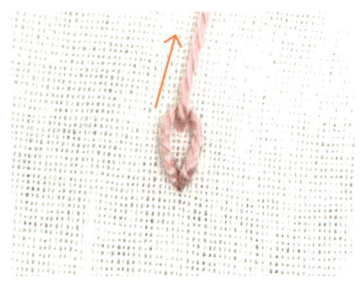

1 A로 바늘을 빼서 실을 왼쪽에 두고 다시 A로 바늘을 넣는다.

2 실을 천천히 당겨서 고리를 만들어두고 도안의 끝에서 실의 두께만큼 안쪽에서 바늘을 뺀다. 이렇게 하면 도안보다 커지지 않게 수놓을 수 있다.

3 실을 위쪽으로 살살 당기면서 고리 모양을 도안에 맞게 만들어준다.

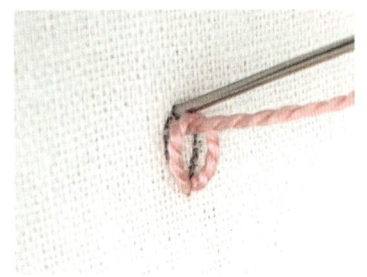
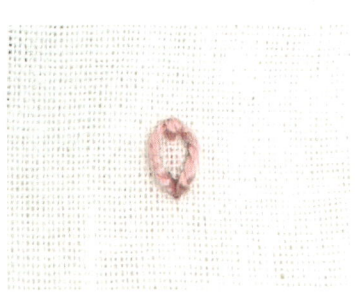

4 고리의 바깥쪽으로 도안 선에 바늘을 넣고 실을 당겨서 고리를 고정한다.

5 물방울 모양의 레이지 데이지 스티치 완성.

레이지 데이지 + 스트레이트 스티치 ①

1. 레이지 데이지 스티치의 안쪽 아래로 바늘을 빼서 안쪽 위로 넣는 스트레이트 스티치를 한다.
2. 가운데가 채워진 스티치가 완성된다.

레이지 데이지 + 스트레이트 스티치 ②

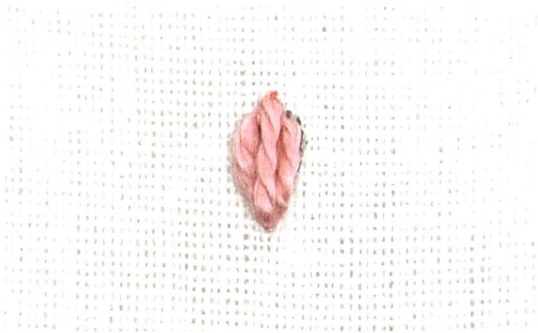

1. 레이지 데이지 스티치를 시작했던 구멍으로 다시 바늘을 빼서 고리의 끝으로 바늘을 넣는 스트레이트 스티치를 한다.
2. 레이지 데이지 스티치의 둥근 윗부분이 가려지면서 뾰족한 형태로 완성된다.

더블 레이지 데이지 스티치

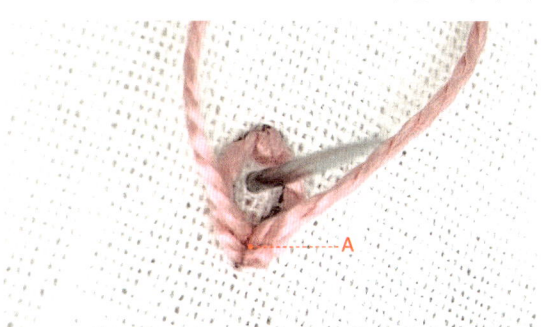
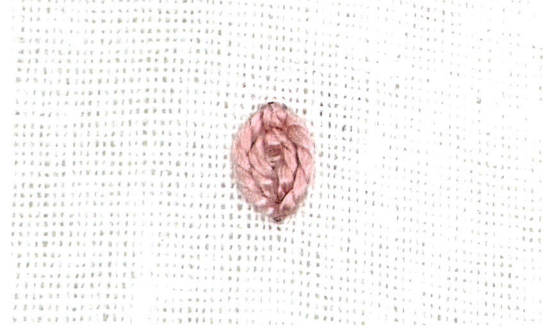

1. 첫 번째 레이지 데이지 스티치의 안쪽인 A로 바늘을 빼고 같은 구멍으로 바늘을 넣어서 고리를 만든다. 이어서 첫 번째 스티치의 안쪽 끝에서 실의 두께만큼 아래로 바늘을 뺀다.
2. 고리의 바깥으로 바늘을 넣어서 고리를 고정하면 두 번째 레이지 데이지 스티치가 만들어진다. 더블 레이지 데이지 스티치 완성.

스파이더 웹 로즈 스티치

홀수로 된 지지대를 교차로 통과하며 거미줄처럼 실을 엮어 장미꽃 모양을 만드는 스티치입니다.

1 기본형

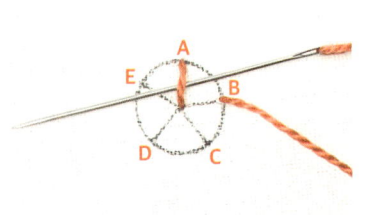
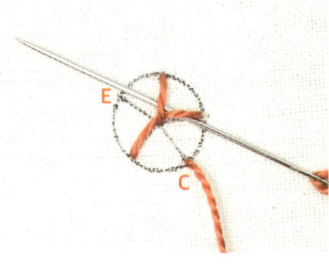

1 A로 바늘을 빼서 원의 중심으로 넣는다. 그리고 B로 바늘을 빼서 첫 번째 스티치 아래로 바늘을 통과시켜 D로 넣는다.

TIP | 스티치를 살짝 들어서 느슨하게 만들어주면 실을 감기가 편해요.

2 C로 바늘을 빼서 다시 첫 번째 스티치를 걸쳐 E로 넣는다. ★모양의 지지대가 만들어진다.

3 지지대 사이로 중심에 가깝게 바늘을 뺀다. 5개의 지지대를 위아래로 번갈아가며 통과하면서 시계 반대 방향으로 실을 감는다.

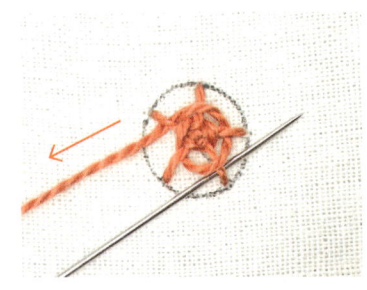

4 처음 2~3회는 실을 팽팽하게 당겨 중심으로 모아준다. 모양이 동그랗게 잡히면 먼저 감은 실을 감싸듯이 살살 당겨가며 감는다.

5 지지대가 보이지 않게 끝까지 감은 후 실이 나온 곳 옆의 스티치 사이로 바늘을 비스듬히 넣는다.

6 스파이더 웹 로즈 스티치 완성.

도넛형

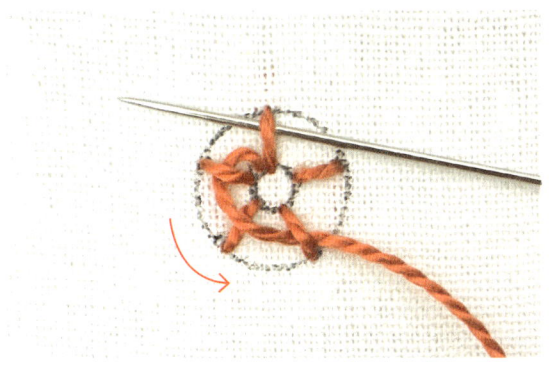

1 도안을 따라 5개의 스티치를 수놓는다. 지지대 사이로 바늘을 빼서 위아래로 번갈아가며 통과하면서 시계 반대 방향으로 실을 감는다.

2 가운데가 비어있는 스파이더 웹 로즈 스티치 완성.

TIP | 가운데 부분을 프렌치 노트 스티치나 새틴 스티치로 먼저 채우고 스파이더 웹 로즈 스티치를 수놓으면 완성도 있는 꽃이 만들어져요.

블리온 스티치

바늘에 실을 감아 만드는 입체감 있는 스티치입니다.
바늘의 호수나 실의 가닥수에 따라서 스티치의 두께를 다양하게 표현할 수 있어요.

1
기본형

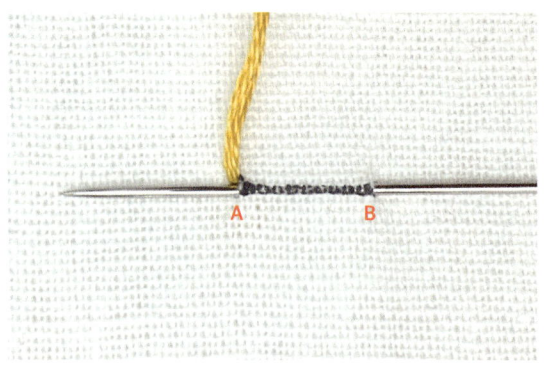

1 A로 바늘을 뺀다. B로 넣고 다시 A로 빼서 바늘을 원단에 걸쳐둔다. 실은 바늘의 오른쪽에 둔다.

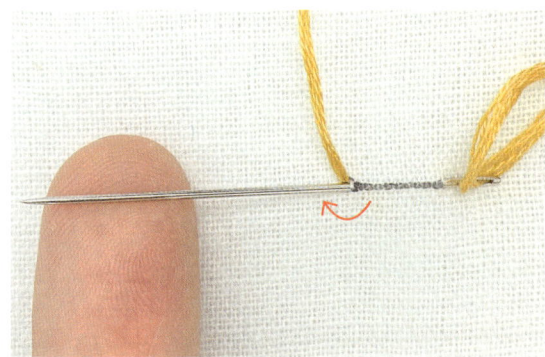

2 바늘 끝을 손으로 살짝 들어 올리고 실을 시계 방향으로 감는다.

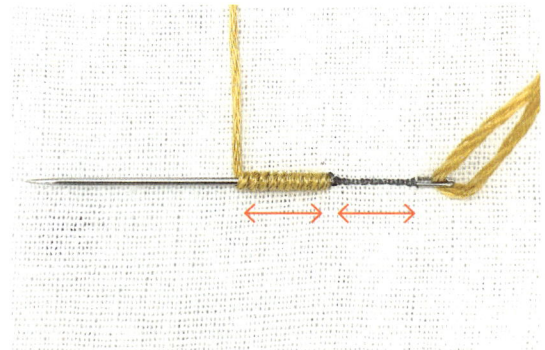

3 스티치의 길이만큼 실을 감는다.

TIP | 너무 세게 감으면 바늘이 잘 빠지지 않으니 바늘에서 풀리지 않을 정도로만 당겨서 감아주세요.

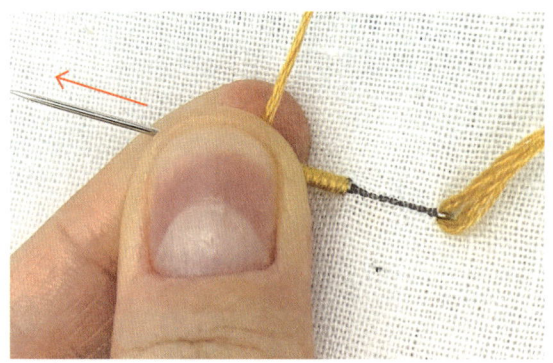

4 감긴 실이 풀리지 않도록 손으로 잡고 바늘을 뺀다.

TIP | 바늘이 잘 빠지지 않으면 실이 감긴 방향과 반대 방향으로 살살 돌려가면서 빼주세요.

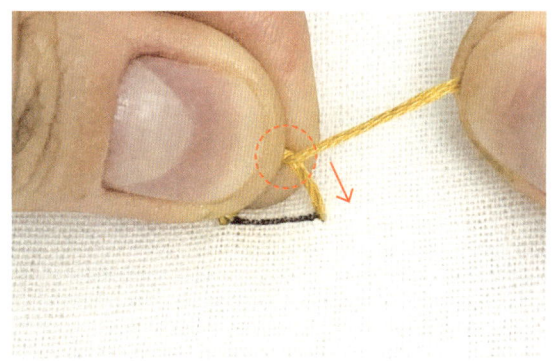 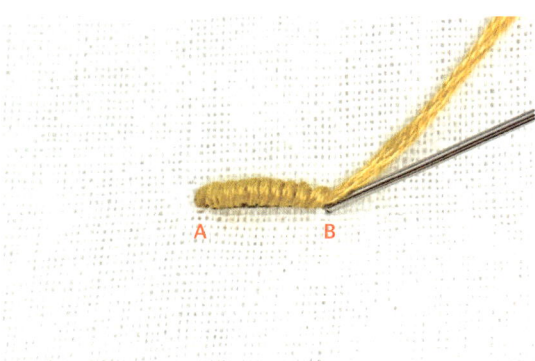

5 감긴 부분을 끝까지 잡고 실을 당겨서 스티치의 끝을 원단에 밀착시킨다.

6 바늘을 다시 B로 넣는다.

7 블리온 스티치 완성.

2
고리형

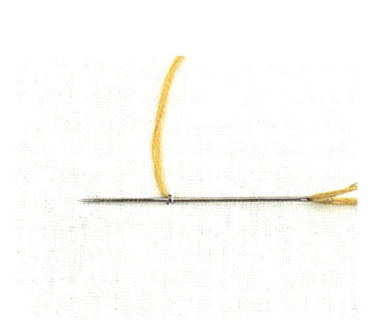  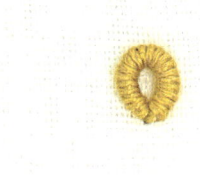

1 시작점으로 바늘을 뺀다. 바로 옆 (원단의 1~2올 옆)으로 넣고 다시 시작점으로 빼서 바늘을 원단에 걸쳐둔다.

2 원하는 길이의 2배만큼 실을 바늘에 감고 기본형과 같은 방법으로 바늘을 뺀다. 스티치의 끝을 원단에 밀착시키고 바늘을 다시 시작점으로 넣는다.

3 고리 모양의 블리온 스티치 완성.

로제트 체인 스티치

실의 꼬임을 고정해서 만드는 스티치로 실을 당기는 힘 조절이 중요합니다.
직선으로 나란히 촘촘하게 수놓아서 면을 채우기도 하고 방사형으로 수놓아 꽃 모양을 만들 수도 있어요.

1
기본형

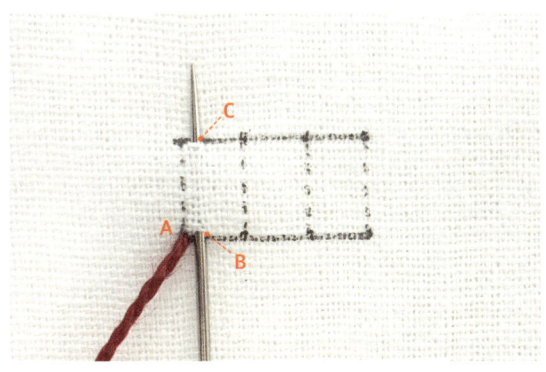

1 A에서 바늘을 빼고, 바로 옆 B에서 C로 바늘을 넣어 걸쳐둔다.

TIP | 미리 수직으로 가이드 선을 그려놓으면 스티치가 기울어지지 않게 수놓을 수 있어요.

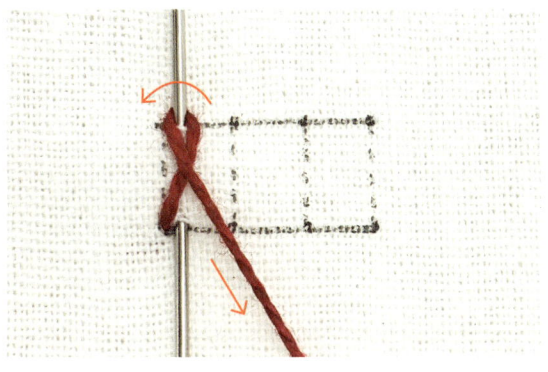

2 나와있는 실을 시계 반대 방향으로 바늘에 감아 원단과 바늘 사이에 밀착시키고 바늘을 위로 빼서 실을 당긴다.

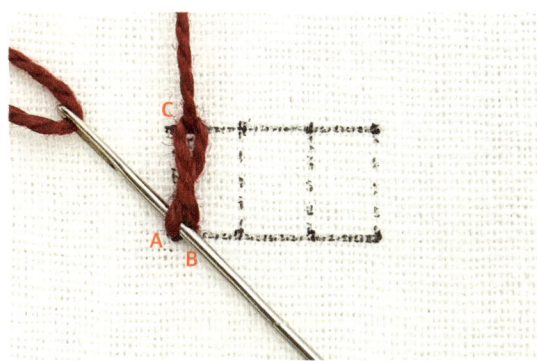

3 꼬여있는 고리가 만들어지면 고리가 풀리지 않게 C로 나온 실을 잘 잡고, A과 B 사이로 바늘을 넣어서 실을 당긴다.

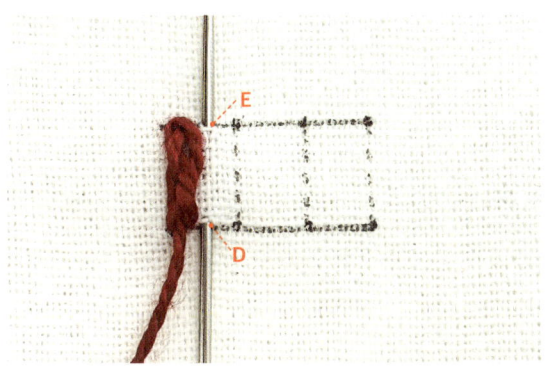

4 스티치 하나가 만들어진다. 첫 번째 스티치의 바로 옆 D로 바늘을 넣고 E로 빼서 걸쳐둔 다음 과정 2~3을 반복한다.

5 바늘을 뺄 때 먼저 놓인 스티치가 당겨지지 않도록 손으로 눌러준다.

6 도안을 촘촘하게 채우고 마지막 스티치의 오른쪽 끝에 바늘을 넣는다.

7 로제트 체인 스티치 완성.

2
방사형

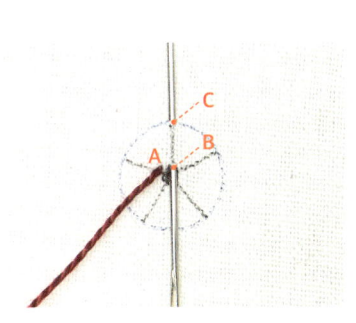

1 선과 선 사이 A에서 바늘을 빼고 B에서 C로 바늘을 넣어 걸쳐둔다.

2 도안을 따라 로제트 체인 스티치 기본형을 수놓고, 첫 번째 스티치의 고리 사이로 바늘을 넣어서 연결한다.

3 방사형 로제트 체인 스티치 완성.

링 스티치

고리 끝부분만 원단에 붙어있는 링 모양의 스티치입니다.
휘프드 링 스티치는 링 스티치를 응용하여 고안한 스티치로, 풍성한 꽃잎을 만들 수 있어요.

1 기본형

1 시작점으로 바늘을 빼서 나온 실을 오른쪽에 둔다. 다시 시작점으로 바늘을 넣으면서 실을 당긴다.

2 원하는 크기의 고리가 만들어지면 고리 바깥쪽에서 바늘을 빼고 안쪽으로 넣는 스트레이트 스티치로 고리 아랫부분을 고정시킨다.

3 링 스티치 완성.

휘프드 링 스티치

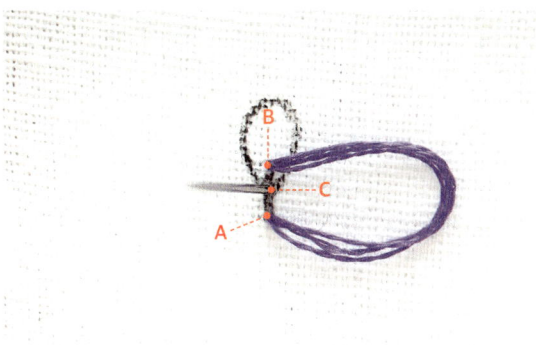 

1 A에서 바늘을 빼고 B로 넣는다. 실을 오른쪽에 두고 당기다가 C로 바늘을 빼서 왼쪽으로 실을 당긴다.

2 실을 왼쪽에 두고 보조 바늘을 원단에 걸쳐 꽂는다.

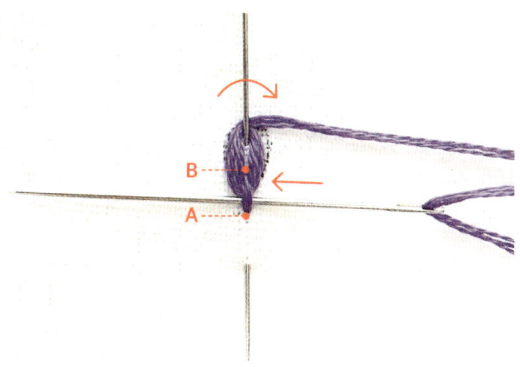 

3 실을 보조 바늘 뒤로 걸어서 A와 B 사이를 통과하며 원하는 만큼 실을 감는다.

TIP | 원단 쪽으로 실을 붙여서 감아야 보조 바늘을 빼도 스티치가 일어나지 않아요.

4 실이 왼쪽으로 나온 상태에서 바늘을 스티치 아래로 넣는다.

5 보조 바늘을 빼면 휘프드 링 스티치 완성.

드리즐 스티치

실고리를 바늘에 쌓아 올려서 만드는 스티치로
얇고 긴 꽃잎을 표현할 수 있습니다.

1
기본형

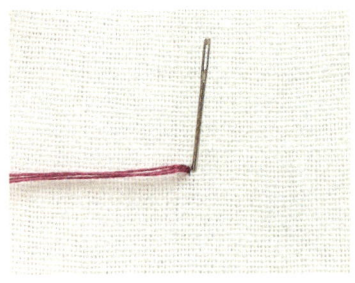

1 시작점으로 바늘을 뺀다. 실이 나오면 바늘을 실과 분리해서 시작점 바로 옆에 꽂아둔다.

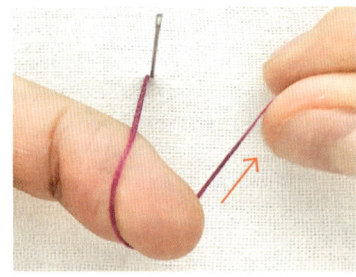

2 실을 손가락에 걸고 반대쪽 손으로 실을 팽팽하게 잡는다.

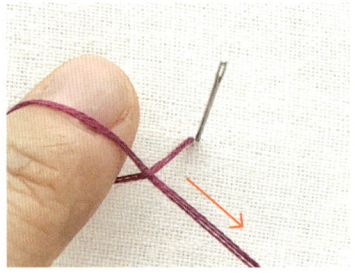

3 실을 팽팽하게 유지하면서 손가락을 몸 바깥쪽으로 돌려 고리를 만든다.

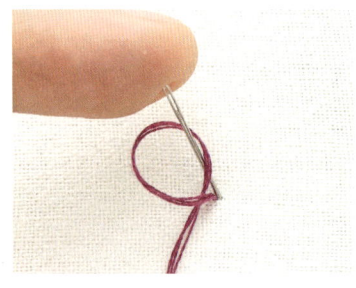

4 손가락 끝을 바늘귀에 올려 고리를 바늘로 옮긴다.

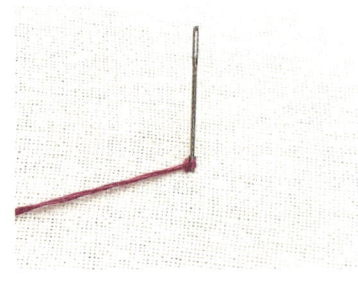

5 실을 당겨 고리를 원단에 밀착시킨다.

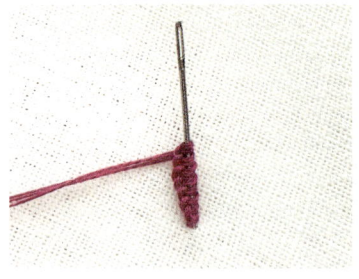

6 과정 2~5를 반복하여 원하는 길이만큼 고리를 쌓아 올린다.

TIP | 일정한 힘으로 실을 당겨 고리를 같은 길이로 만들어야 모양이 예뻐요

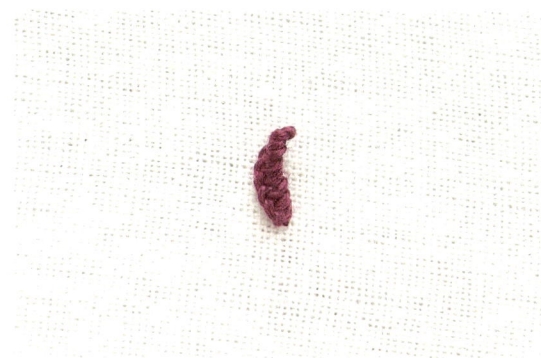

7 실 끝을 다시 바늘귀에 넣고 바늘을 당겨 실을 통과시킨다.

8 드리즐 스티치 완성.

2
연결형

1 선 위로 바늘을 넣고 빼기를 반복하며 드리즐 스티치 기본형을 수놓는다.

2 실을 당기는 방향은 처음 수놓은 스티치 쪽으로 통일해야 완성된 스티치의 꼬임도 일정하게 나온다.

3 촘촘하게 수놓으면 완성.

2단 드리즐 스티치

1 원하는 길이로 기본 드리즐 스티치를 한다.

2 실을 바꿔, 만들어진 스티치의 고리 사이로 바늘을 뺀다.
TIP | 과정 1에서 사용한 바늘보다 작은 바늘을 사용하면 바늘을 넣고 빼기가 수월해요.

3 실을 빼고 다시 스티치를 통과해서 바늘을 꽂아둔다.

4 추가로 원하는 만큼 고리를 만든다.

5 실을 다시 바늘에 끼우고 바늘을 아래로 뺀다.

6 2단 드리즐 스티치 완성.

스미르나 스티치

터키 워크 또는 기오르데스 노트라고도 부르는 스티치입니다.
실 고리를 만들어서 고리 끝을 자르거나 그대로 사용하여 풍성한 꽃잎을 표현해요.

1
기본형

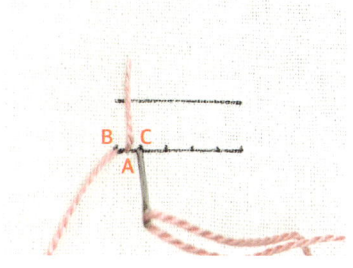

1 매듭을 짓지 않은 채로 바늘을 A로 넣고 당겨 실 끝을 남겨둔다. B로 바늘을 빼고 C로 넣는다.

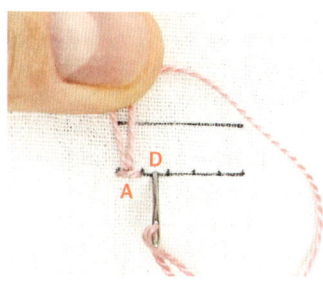

2 다시 A로 바늘을 빼고 D로 넣어서 고리를 만든다. 만들어진 고리가 움직이지 않게 손으로 누른다.

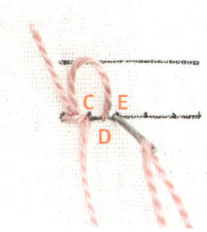

3 C로 바늘을 빼고 E로 넣어서 고리를 고정한다.

4 과정 2~3을 반복하며 고리를 만들고 마지막 스티치의 가운데로 실을 빼서 자른다.

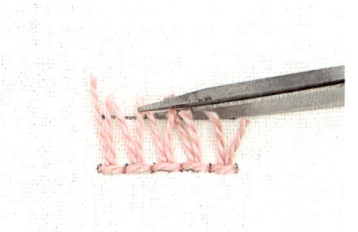

5 고리를 모두 자르고 원하는 길이로 다듬는다.

6 스미르나 스티치 완성.

2

고리형

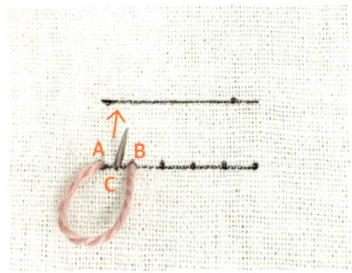

1 A로 바늘을 빼서 B로 넣는다. 실이 모두 빠져나오기 전에 C로 빼서 실을 위로 당긴다.

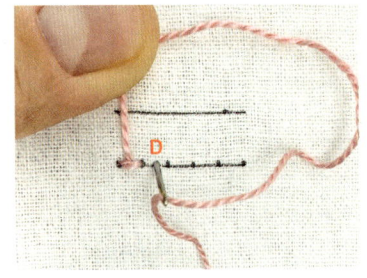

2 D로 넣어서 원하는 길이의 첫 번째 고리를 만든다. 고리가 움직이지 않게 손으로 누른다.

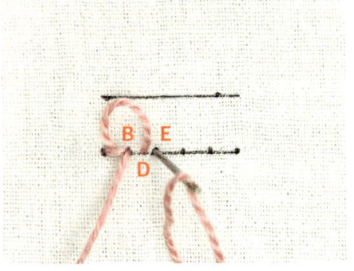

3 B로 바늘을 빼서 E로 넣는다.

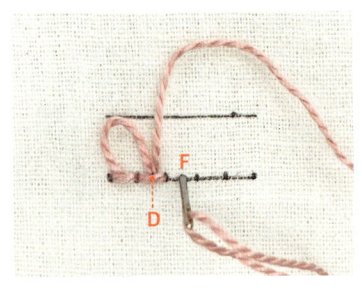

4 D로 바늘을 빼고 F로 넣어서 첫 번째 고리와 같은 길이로 고리를 만들고 앞의 과정을 반복한다.

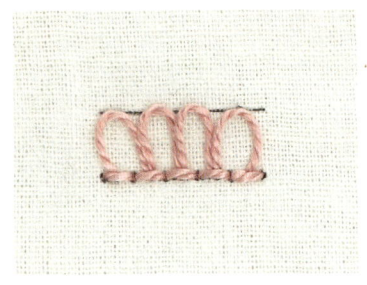

5 스미르나 스티치 고리형 완성.

6 원형으로 수놓는 경우 마지막 고리는 C로 넣어서 연결한다.

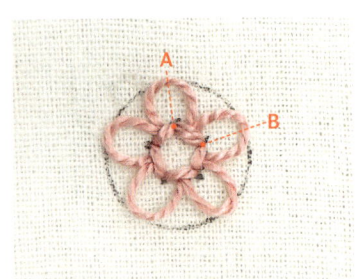

7 과정 6 상태에서 마무리하면 고리가 당겨질 수 있으니 다시 A로 바늘을 빼고 B로 넣어 고리를 고정한 후 매듭짓는다.

겹친 고리형

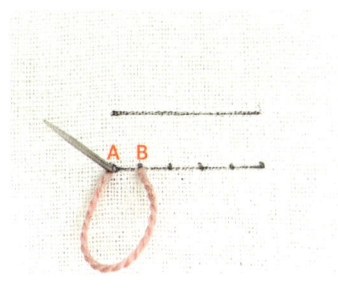

1 A로 바늘을 빼서 B로 넣는다. 실이 모두 빠져나오기 전에 다시 A로 빼서 실을 당긴다.

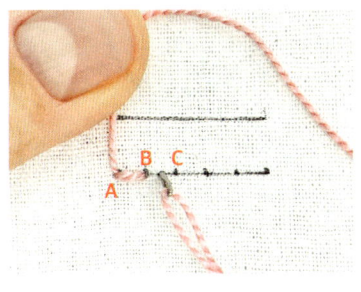

2 B와 C 사이에 바늘을 넣어 원하는 길이로 첫 번째 고리를 만든다. 고리가 움직이지 않게 손으로 누른다.

3 B로 바늘을 빼서 C로 넣는다.

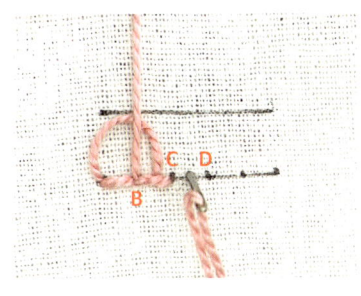

4 다시 B로 바늘을 빼고 C과 D의 중간으로 넣어서 두 번째 고리를 만든다.

5 원하는 만큼 고리를 만들고 E로 바늘을 빼서 F로 넣어 마지막 고리를 고정하면 스미르나 스티치 겹친 고리형 완성.

6 원형으로 수놓는 경우 마지막 고리는 첫 번째 고리의 뒤쪽, A와 B의 사이에 넣어 연결한다.

7 과정 6 상태에서 마무리하면 고리가 당겨질 수 있으니 다시 A로 바늘을 빼고 B로 넣어 고리를 고정한 후 매듭짓는다.

캐스트 온 스티치

실 고리를 바늘에 걸어 만드는 스티치로 양쪽 끝이 원단에 붙어있는 입체 스타일이에요.
캐스트 온 스티치 반달형은 자연스러운 꽃잎 모양을 만들기 위해
고안한 스티치로, 실을 당기는 힘 조절만으로 고리의 길이를
다르게 만들어야 해서 난이도가 조금 높아요. 도안을 따라 충분히 연습해보세요.

1
기본형

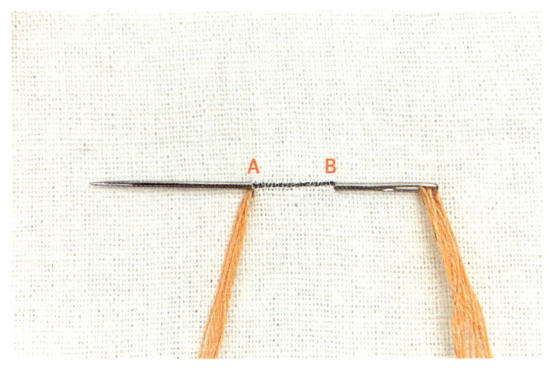

1 A로 바늘을 뺀다. B로 넣고 다시 A로 빼서 바늘을 원단에 걸쳐둔다. 실은 바늘의 아래쪽에 둔다.

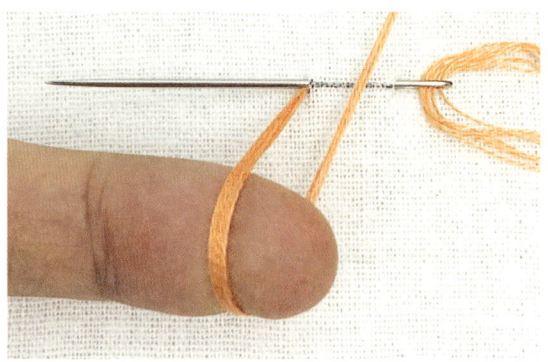

2 실을 손가락 위에 올리고 반대쪽 손으로 실을 팽팽하게 잡는다.

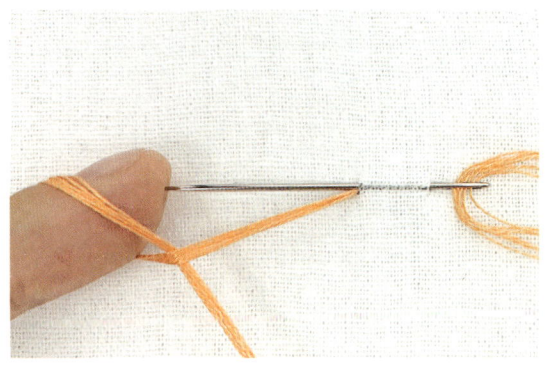

3 실을 팽팽하게 유지하면서 손가락을 몸 바깥쪽으로 돌려 고리를 만든다.

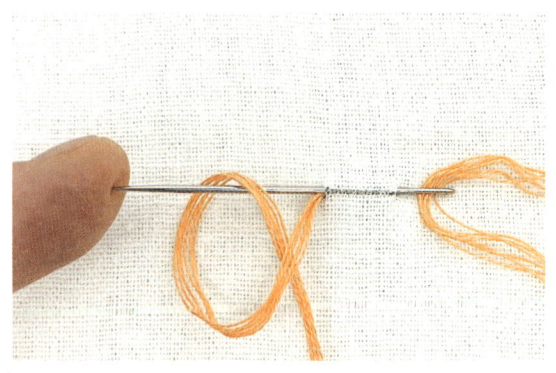

4 손가락 끝을 바늘 끝에 대고 고리를 바늘로 옮긴다.

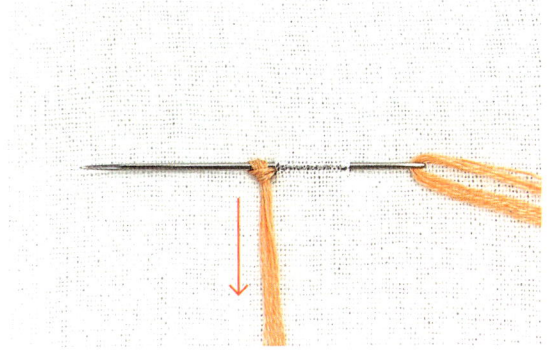

5 실을 아래로 당겨 고리를 원단에 밀착시킨다.

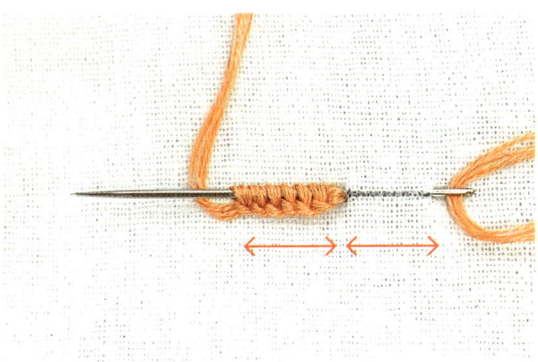

6 스티치의 길이만큼 고리를 만들고 실을 바늘 뒤에 둔다.

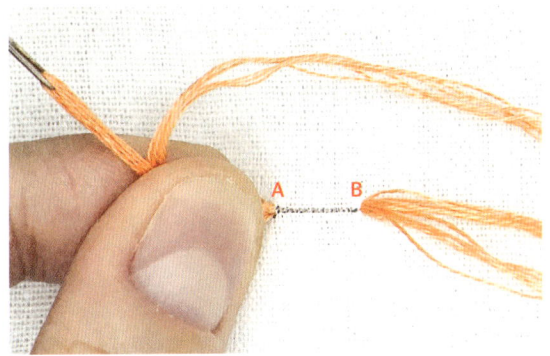

7 만들어진 고리를 잡고 바늘을 빼서 실을 B 쪽으로 당긴다.

TIP | 스티치가 완전히 원단에 밀착될 때까지 스티치를 잡고 있어야 모양이 망가지지 않아요.

8 B로 바늘을 넣는다.

9 캐스트 온 스티치 완성.

고리형

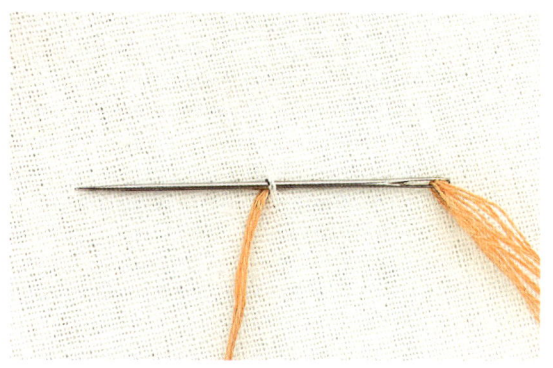

1 시작점으로 바늘을 뺀다. 바로 옆(원단의 1~2올 옆)으로 바늘을 넣고 다시 시작점으로 빼서 원단에 걸쳐둔다.

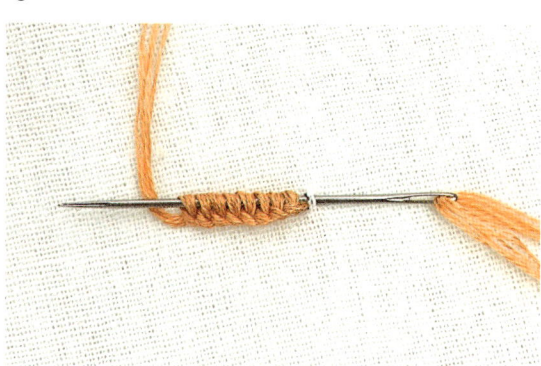

2 원하는 길이의 2배만큼 고리를 만들고 실을 바늘 뒤에 둔다.

3 만들어진 스티치를 잡고 바늘을 빼서 다시 시작점으로 넣는다.

4 고리 모양의 캐스트 온 스티치 완성.

반달형

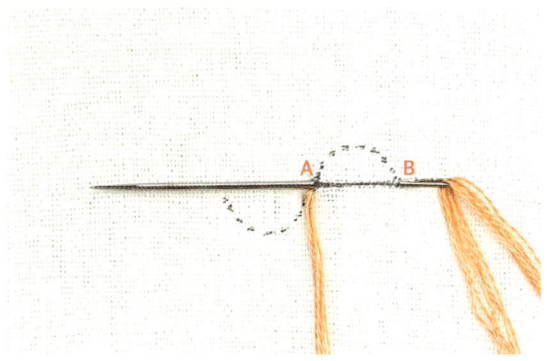

1 A로 바늘을 뺀다. B로 넣고 다시 A로 빼서 바늘을 원단에 걸쳐둔다. 실은 바늘의 아래쪽에 둔다.

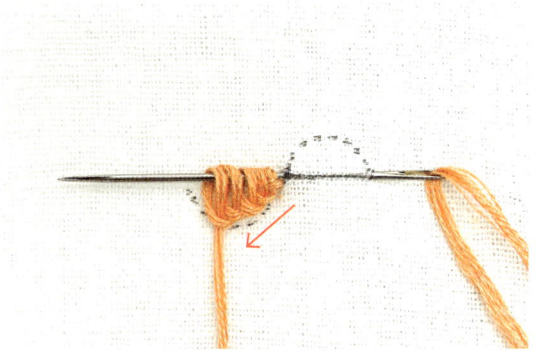

2 반달의 볼록한 부분까지 고리를 점점 길게 만든다.

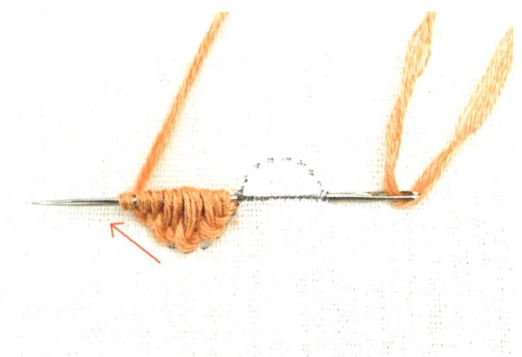

3 나머지 반은 고리를 점점 짧게 만들고 실을 바늘 뒤에 둔다.

TIP | 먼저 만들어진 고리가 당겨지지 않게 손으로 누르고 실을 당겨서 길이를 맞춰주세요.

4 만들어진 스티치를 잘 잡고 바늘을 빼서 B로 바늘을 넣는다.

Embroidery Stitch

◇

플라이 스티치 / 피시본 스티치

새틴 스티치 / 블랭킷 스티치 / 우븐 피콧 스티치

#2

잎을 만드는 스티치

플라이 스티치

V 자나 Y 자로 완성되는 스티치입니다. 단독으로 사용하기보다 스트레이트 스티치와 연결해서 잎 모양을 만드는 플라이 리프 스티치로 주로 사용해요.

1 기본형

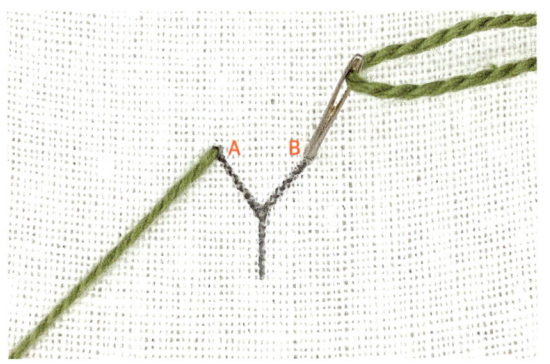

1 A로 바늘을 빼서 B로 넣는다.

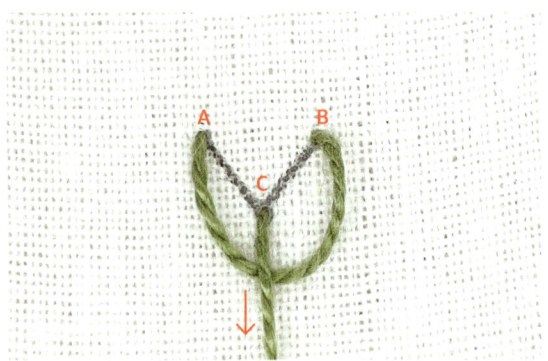

2 실을 당겨 작은 고리가 만들어지면 아래쪽에 두고 C로 바늘을 빼서 실을 아래로 당긴다.

3 고리 끝부분이 C에 걸리면 D로 바늘을 넣는다.

TIP | 고리 끝에서 먼 곳에 바늘을 넣으면 Y 모양이 되고, 가까운 곳에 넣으면 V 모양이 돼요.

4 플라이 스티치 완성.

플라이 리프 스티치

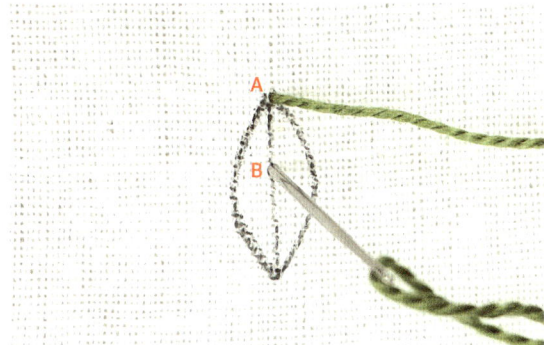

1 A로 바늘을 빼서 B로 넣는다.

2 C로 바늘을 빼고 D로 넣는다.

3 실을 당겨서 고리가 생기면 고리를 아래에 두고 B로 바늘을 뺀다.

4 B에 고리가 걸리면 E로 바늘을 넣는다.

5 과정 2~4와 같은 방법으로 촘촘하게 도안을 채운다.

피시본 스티치

가운데 부분을 겹치게 수놓아서 잎사귀를 표현하는 스티치입니다.

1
기본형

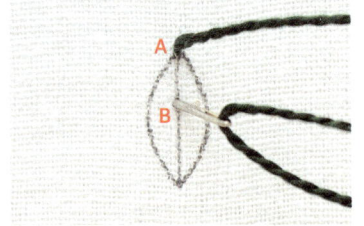

1 A로 바늘을 빼서 중심선의 B로 넣는다.

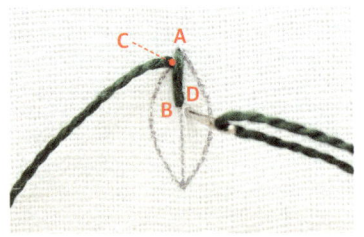

2 왼쪽 선의 C로 바늘을 빼서 B의 오른쪽 아래 D로 넣는다.

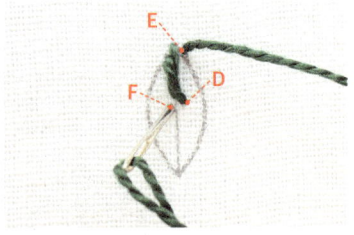

3 오른쪽 선의 E로 바늘을 빼서 D보다 살짝 아래인 F로 넣는다.

4 중심선 부분이 겹쳐진 형태로 피시본 스티치 한 세트가 완성된다.

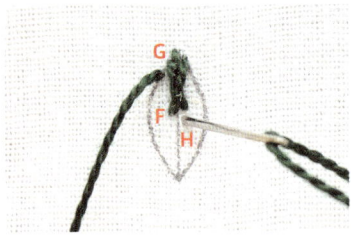

5 G로 바늘을 빼서 H로 넣는다.

6 I로 바늘을 빼서 J로 넣는다. 중심선을 따라서 조금씩 겹쳐지도록 내려가면서 수놓는다.

7 마지막 스티치는 반대쪽에 놓인 스티치의 끝과 같은 구멍으로 넣으면 깔끔하게 마무리된다.

8 피시본 스티치 완성.

새틴 스티치

스트레이트 스티치를 촘촘하게 수놓아 면을 채우는 스티치입니다.

1 기본형

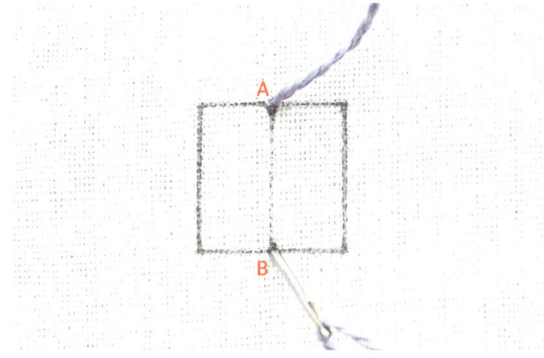

1 도안 윗부분의 중심선인 A로 바늘을 빼고 B로 넣는다.

TIP | 도안을 반으로 나눈 후 가운데부터 시작해 한쪽씩 채워야 스티치가 기울어지지 않고 깔끔하게 수놓을 수 있어요.

2 A 바로 옆 C로 바늘을 빼고 D로 넣는다. 같은 방법으로 오른쪽을 채운다.

TIP | 바늘을 수직으로 찔러 넣고 빼야 정확한 위치에 수놓을 수 있어요.

3 오른쪽을 채웠으면 다시 윗부분의 가운데 위에서 바늘을 빼고 아래로 넣어 왼쪽 면을 채운다.

TIP | 위에서 시작했다면 계속 위에서 아래로 바늘을 넣어야 수가 가지런해요.

4 새틴 스티치 완성.

블랭킷 스티치

담요의 가장자리를 감쌀 때 사용한 바느질 방법에서 유래했습니다.
잘린 면을 마무리할 때도 사용하지만 이 책에서는 주로 촘촘하게 수놓아서 잎의 면을 채울 때 사용해요.

1
기본형

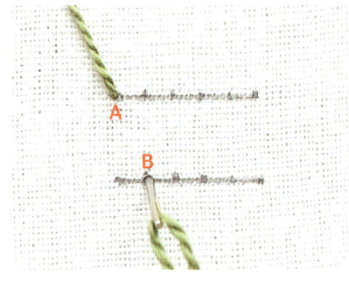

1 시작점인 A로 바늘을 뺀다. 실을 위에 두고 B로 바늘을 넣는다.

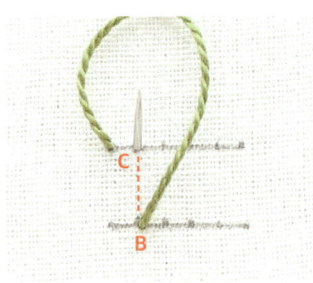

2 실을 당겨 위쪽으로 고리를 만들고 B에서 수직으로 위에 위치한 C로 바늘을 뺀다.

3 고리가 C에 직각으로 걸리도록 실을 당긴다.

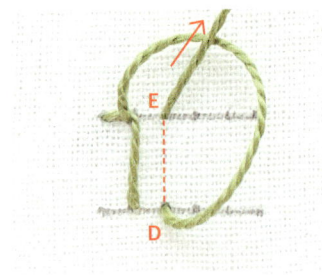

4 같은 간격으로 이어서 수놓는다.

5 마지막 고리의 모서리 바깥으로 바늘을 넣는다.

6 블랭킷 스티치 완성.

② 블랭킷 링 스티치

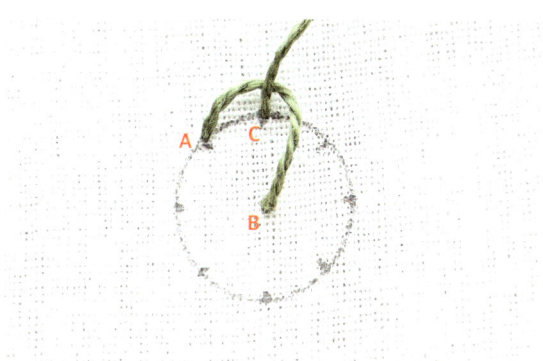

1 도안 선 위 A에서 바늘을 빼고 중심인 B로 넣는다. C로 바늘을 빼서 실을 당긴다.

2 중심에 가까운 D로 바늘을 넣는다.

TIP | 모든 스티치를 중심(B)으로 넣으면 구멍이 커질 수 있으니 조금씩 떨어진 곳에 바늘을 넣어주세요.

3 과정 1~2를 반복하여 원을 따라 수놓고, 마지막 스티치는 첫 번째 스티치의 아래로 통과해서 중심(B)으로 넣는다.

4 블랭킷 링 스티치 완성.

우븐 피콧 스티치

지지대를 교차로 엮어, 아래쪽은 원단에 붙어있고 위쪽은 떨어져 있는 스티치입니다.
잎을 표현하기도 하고 여러 개를 수놓아 꽃을 표현하기도 해요.

1
기본형

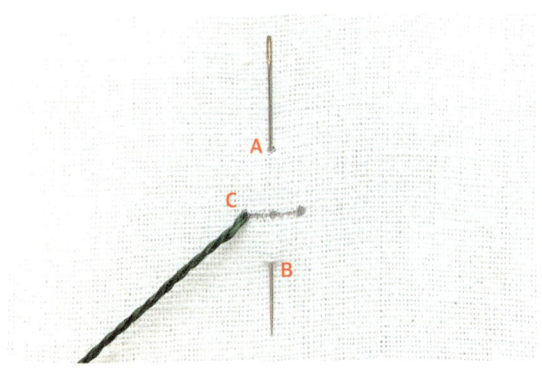

1 보조 바늘을 A로 넣고 선 아래 B로 빼서 원단에 끼운다. C로 바늘을 뺀다.

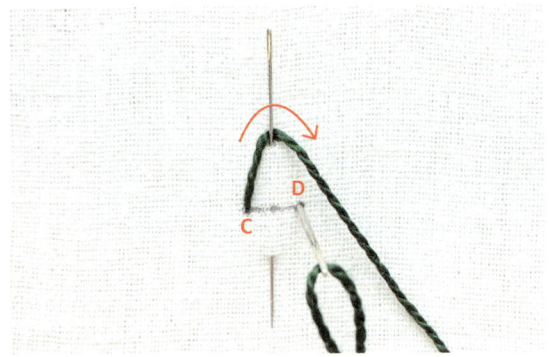

2 보조 바늘 뒤로 실을 걸어 D로 바늘을 넣는다. 이때 너무 세게 당기지 않는다.

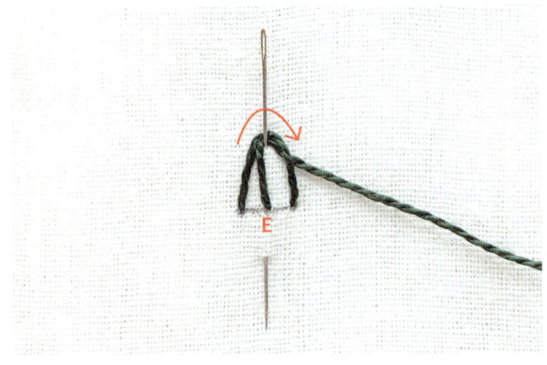

3 선의 가운데인 F로 바늘을 뺀다. 보조 바늘 뒤로 실을 걸고 팽팽하게 당겨 오른쪽 지지대의 안쪽으로 실을 밀착시킨다. 오른쪽 지지대 아래로 바늘을 통과시켜 실을 오른쪽에 둔다.

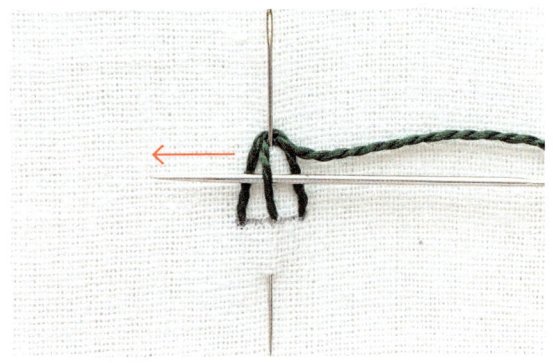

4 3개의 지지대를 위아래로 교차하며 바늘을 통과시킨다.

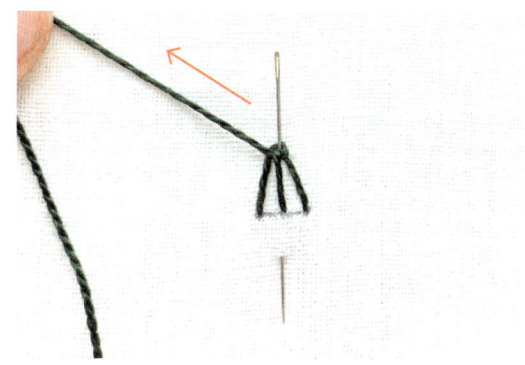

5 실을 당겨 보조 바늘에 바짝 붙인다.

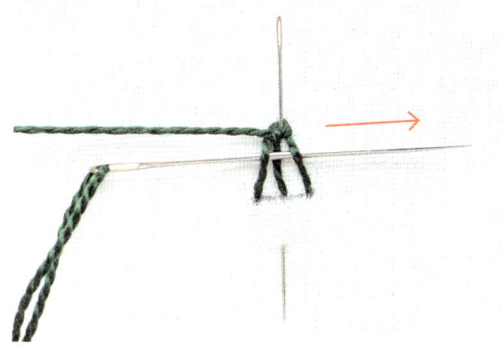

6 지지대 위로 나온 실을 왼쪽에 두고 바늘을 다시 지지대 위아래로 교차하며 통과시킨다.

7 바늘을 위쪽으로 밀어 올려 실을 촘촘하게 밀착시킨다.

8 과정 4~7을 반복한다. 중간중간 지지대 안쪽에 바늘을 살짝 꽂아두고 실을 당기면 모양을 잡기가 수월하다.

9 끝까지 채우고 스티치 안쪽으로 바늘을 비스듬히 넣는다.

10 보조 바늘을 빼면 우븐 피콧 스티치 완성.

Embroidery Stitch

◇

아웃라인 스티치, 스템 스티치

백 스티치

#3

줄기를 만드는 스티치

아웃라인 스티치, 스템 스티치

꽃자수에서 줄기를 표현할 때 주로 사용하는 스티치입니다.

1 기본형

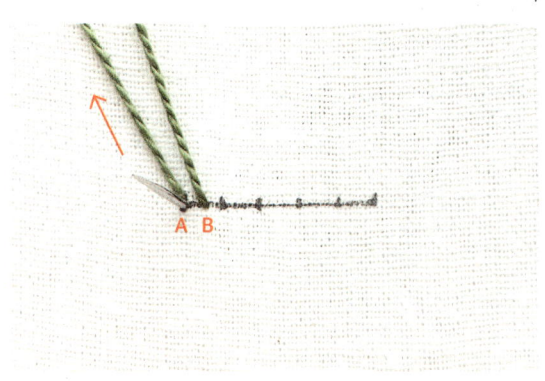

1 A에서 바늘을 빼고 실을 위에 둔다. 반 땀 앞인 B에 넣고 다시 A로 뺀다.

2 실을 진행하는 방향의 반대로 당긴다.

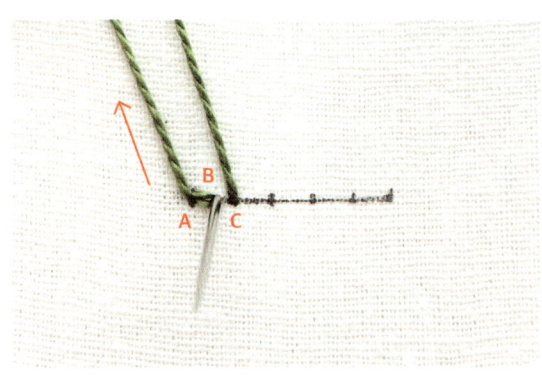
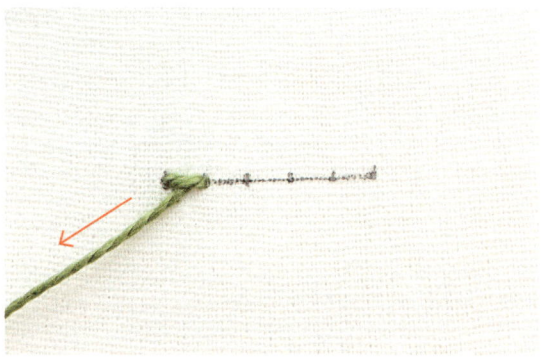

3 실을 위쪽에 두고 한 땀 앞인 C로 넣어서 반 땀 뒤인 B로 바늘을 뺀다.

4 실을 진행하는 방향의 반대로 당긴다.

5 과정 3~4를 반복하여 원하는 길이만큼 수놓는다. 반 땀 뒤로 나온 실을 반 땀 앞으로 넣어 마무리한다.

TIP | 반 땀으로 시작하고 반 땀으로 끝나야 두께가 일정해요.

6 아웃라인 스티치 완성.

7 스티치할 때 실을 아래쪽에 두고 진행하면 스템 스티치가 된다.

8 아웃라인 스티치는 실의 꼬임과 같은 방향으로 완성되고, 스템 스티치는 실의 꼬임과 반대 방향으로 놓여 밧줄 같은 모양으로 완성된다.

원형

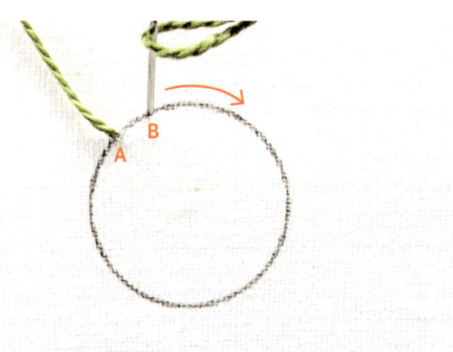 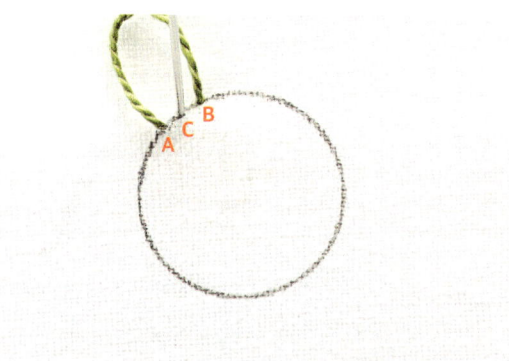

1 A로 바늘을 빼고 한 땀 앞인 B로 넣어서 실을 당긴다. 실은 원 바깥쪽에 두고 시계 방향으로 진행한다.

TIP | 스템 스티치는 실을 원 바깥에 두고 시계 반대 방향으로 진행해 주세요.

2 실을 완전히 당기지 않고 반 땀 뒤인 C로 바늘을 뺀다.

3 한 땀 앞으로 넣고 반 땀 뒤로 빼기를 반복하여 원을 수 놓는다.

4 마지막 스티치는 원 바깥 쪽에서 C로 넣는다.

5 끝부분까지 자연스럽게 연결되도록 마무리한다.

백 스티치

손바느질의 박음질과 같은 스티치로 섬세한 선을 표현할 수 있어요.

1
기본형

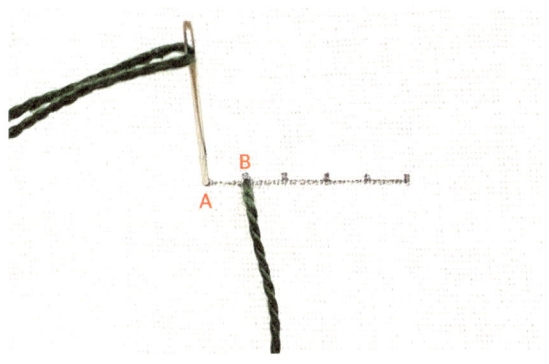 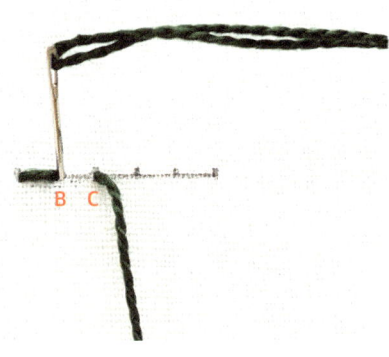

1 시작점인 A에서 한 땀 앞인 B로 바늘을 빼 다시 B로 넣는다.

2 이어서 C로 바늘을 빼고 한 땀 뒤인 B로 넣는다.

3 같은 방식으로 도안을 채우면 백 스티치 완성.

Embroidery Stitch

◇

체인 스티치 / 스플릿 스티치 / 바스켓 스티치

리본 스티치 / 비즈 스티치

#4

꽃을 꾸미는 스티치

체인 스티치

고리를 연결해서 사슬 모양을 만드는 스티치입니다.
선으로 수놓기도 하지만 이 책에서는 주로 면을 채울 때 사용해요.

1 기본형

1 A로 바늘을 뺀다. 다시 A로 넣고 당겨 고리가 생기면 B로 뺀다. 고리 끝이 B로 나온 실에 걸릴 때까지 당긴다.

TIP | A로 바늘을 뺄 때 나온 실은 왼쪽에 두고, 다시 바늘을 A로 넣을 때는 실의 오른쪽으로 넣어야 실이 겹치지 않고 예쁜 모양이 돼요.

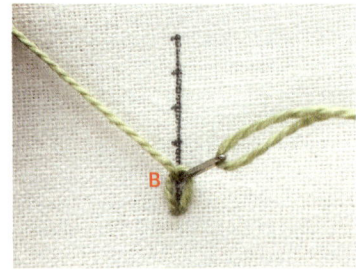

2 B로 나온 실을 왼쪽에 두고 다시 B로 넣어서 고리를 만든다.

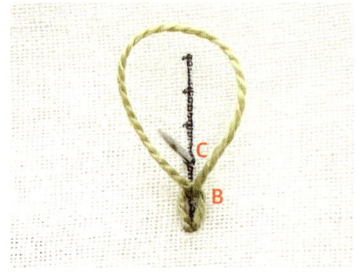

3 C로 바늘을 뺀다.

4 실을 위로 당긴다.

5 원하는 길이만큼 반복하고 마지막 고리의 바깥쪽으로 바늘을 넣는다.

6 체인 스티치 완성.

② 원형

1 원을 따라서 체인 스티치를 하고 마지막 스티치는 첫 번째 스티치의 아래로 통과시킨다.
2 마지막 스티치가 나온 곳으로 다시 바늘을 넣는다.
3 자연스럽게 연결된 원형으로 완성.

③ 사각형

1 한쪽 선을 수놓고 고리 바깥으로 바늘을 넣어서 마무리한다.
2 마무리한 마지막 고리 사이로 바늘을 빼서 다음 선을 수놓는다.
3 모든 선을 수놓고 마지막 스티치는 첫 번째 스티치의 아래로 통과시켜서 다시 나온 곳으로 넣는다.

4 마지막 스티치의 안쪽에서 바늘을 빼고 바깥쪽으로 넣는다.
5 각진 사각형으로 완성.

스플릿 스티치

먼저 수놓은 실을 반으로 가르며 수를 놓는 스티치로 뜨개질 느낌이 납니다.
선으로 수놓기도 하지만 이 책에서는 주로 섬세하게 면을 채울 때 사용해요.

1
기본형

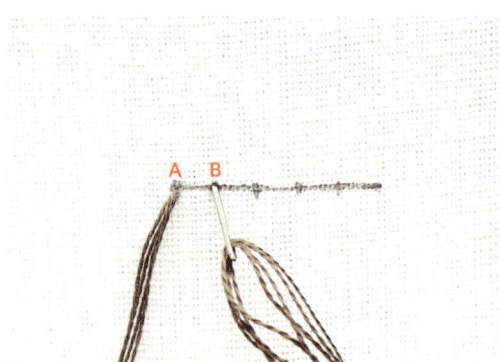

1 A로 바늘을 빼서 B로 넣는다.

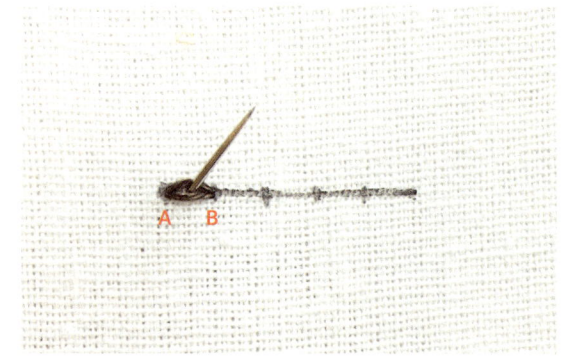

2 A와 B의 중간 지점에서 첫 번째 스티치를 반으로 가르며 바늘을 뺀다.

3 B와 C의 중간 지점에 바늘을 넣는다.

4 두 번째 스티치를 반으로 가르면서 B로 바늘을 뺀다.

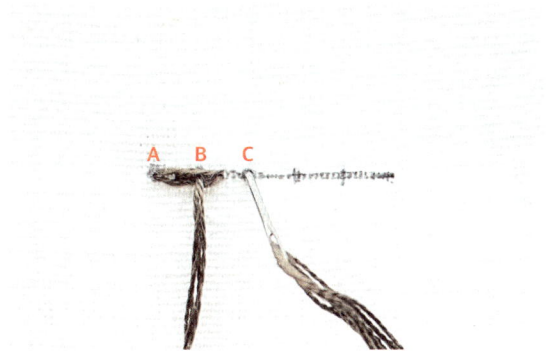 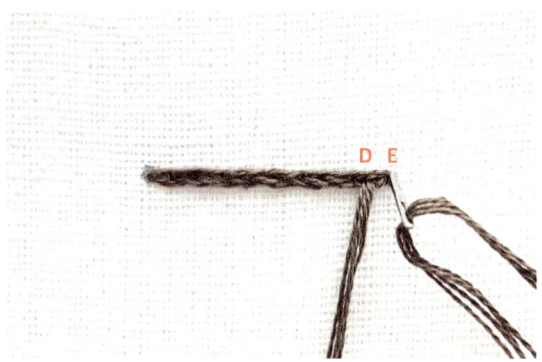

5 같은 방법으로 한 땀 앞으로 넣고 반 땀 뒤로 실을 가르면서 빼기를 반복한다.

6 원하는 길이만큼 수놓고 마지막 스티치의 중간으로 바늘을 빼서 반 땀 앞인 E로 넣는다.

 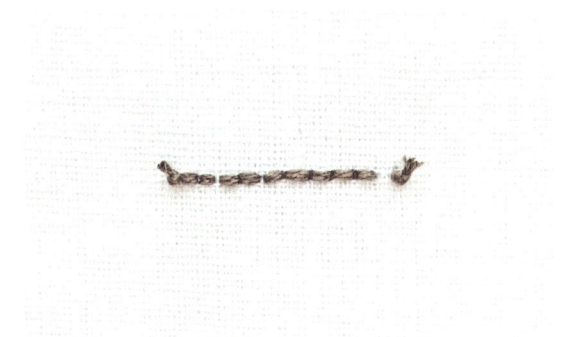

7 스플릿 스티치 완성.

8 뒷면은 백 스티치 같은 모양이 된다.

바스켓 스티치

씨실과 날실을 수직으로 교차해서 원단을 짜듯,
수직으로 놓은 실을 교차로 엮어 만드는 스티치입니다.
이름처럼 주로 바구니를 수놓을 때 사용해요.

1
기본형

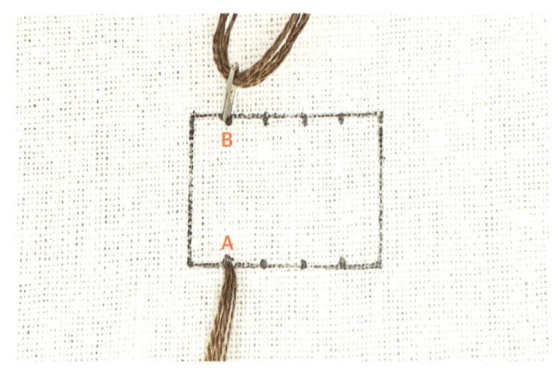

1 A로 빼서 B로 넣는 스트레이트 스티치를 한다.

TIP | 미리 같은 간격으로 위아래에 위치를 표시해두면 수놓기가 편해요.

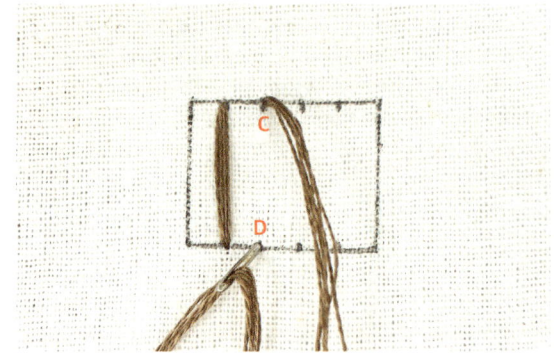

2 C로 빼서 D로 넣는다. 나머지도 같은 방법으로 스트레이트 스티치를 한다.

3 오른쪽 아래 모서리로 바늘을 뺀다. 스트레이트 스티치의 아래, 위로 바늘을 교차하여 통과시킨다.

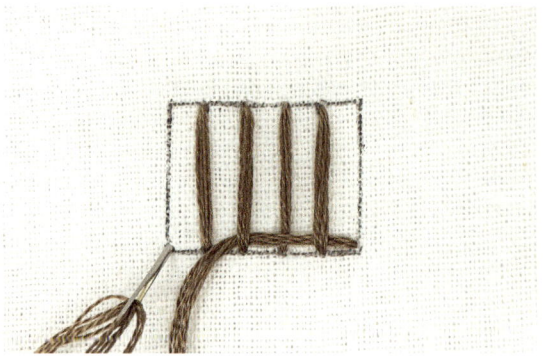

4 반대쪽 모서리로 바늘을 넣는다.

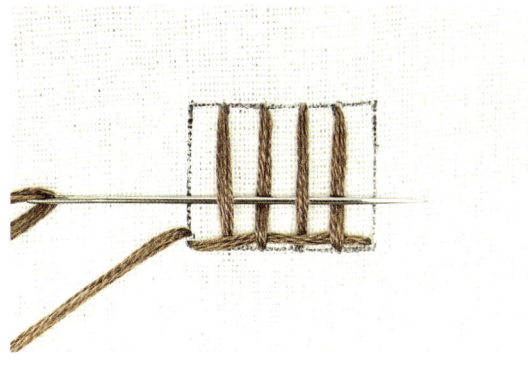

5 모서리 바로 위로 바늘을 뺀다. 먼저 통과한 실과 반대로 스티치를 교차하여 통과시킨다.

6 반대쪽으로 바늘을 넣는다.

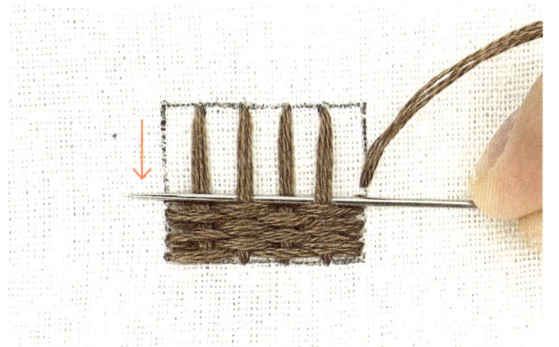

7 중간중간 바늘로 스티치를 아래로 밀어가면서 촘촘하게 도안을 채운다.

8 바스켓 스티치 완성.

리본 스티치

꽃다발을 수놓거나 꽃바구니에 포인트를 줄 때 사용하는 스티치입니다.

1
기본형

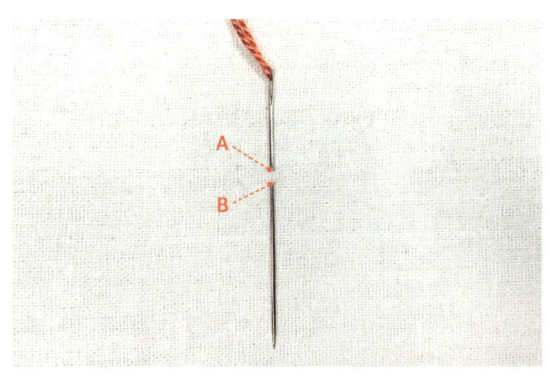

1 실을 매듭짓지 않은 상태로 A로 바늘을 넣고 B로 뺀다.

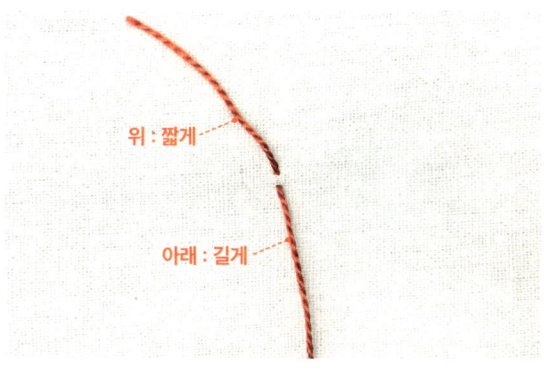

2 위쪽 실을 짧게 남기고 실을 원단에 걸쳐둔다. 바늘은 그대로 실에 끼워져 있다.

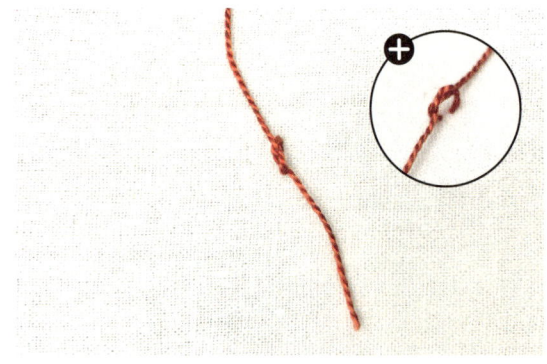

3 짧은 실이 아래로 향하도록 실을 묶는다. 이때 매듭 사이로 실을 통과시킬 수 있도록 공간을 남겨둔다.

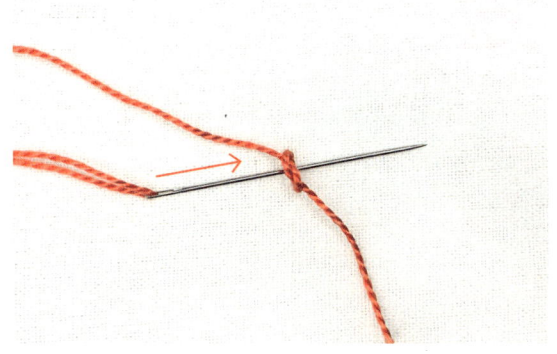

4 바늘을 매듭의 왼쪽에서 오른쪽으로 통과시킨다.

 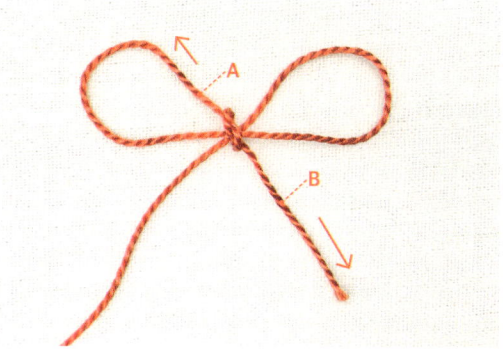

5 리본 고리를 원하는 크기만큼 남기고 다시 매듭의 오른쪽에서 왼쪽으로 통과시킨다.

6 양쪽 고리를 원하는 크기만큼 남기고 A는 위로, B는 아래로 당겨서 매듭을 꽉 묶는다.

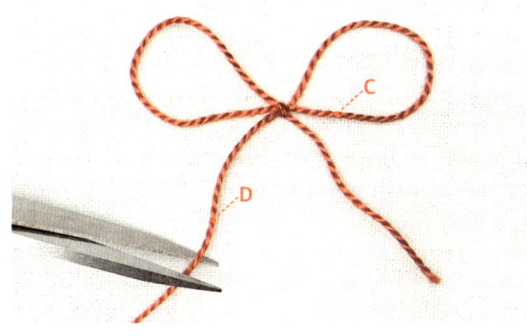 

7 C와 D를 움직여서 원하는 크기의 리본 고리를 만들고 D의 끝을 자른다.

8 리본 스티치 완성.

비즈 스티치

반짝이는 비즈를 사용하여 다채로운 자수를 즐길 수 있어요.

1 가로형

1 원하는 위치에서 바늘을 뺀다.

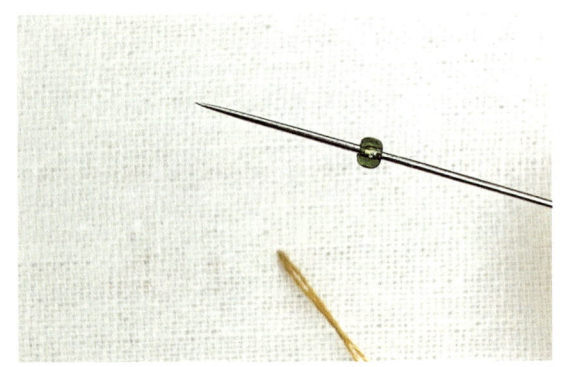

2 바늘에 비즈를 끼워 실을 통과시킨 후 원단 쪽으로 보낸다.

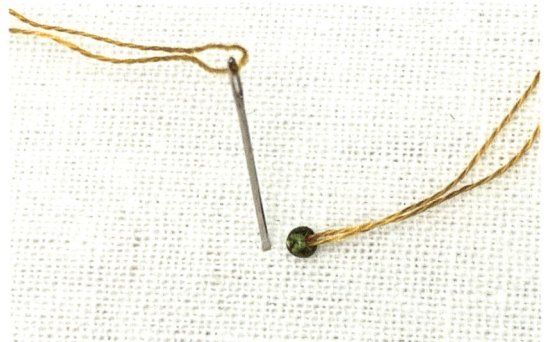

3 비즈의 가로 길이만큼 간격을 두고 바늘을 넣는다.

4 비즈 스티치 가로형 완성.

세로형

1 원하는 위치에서 바늘을 빼고 비즈를 끼워 원단에 세워 둔다.

2 비즈의 오른쪽으로 바늘을 넣어 한쪽을 고정한다.

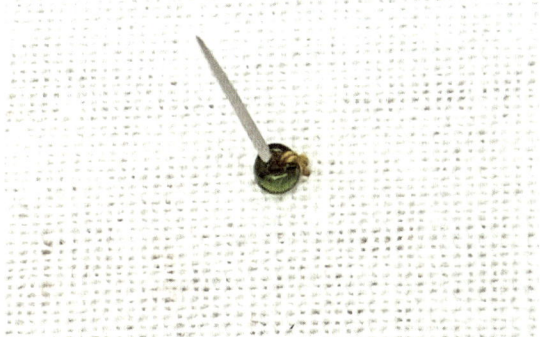

3 비즈의 가운데로 바늘을 뺀다.

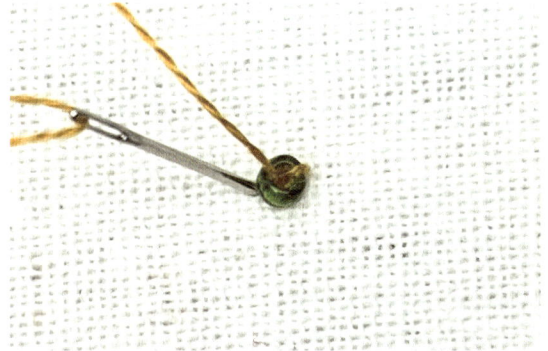

4 비즈의 왼쪽으로 바늘을 넣어 반대쪽을 고정한다.

5 비즈 스티치 세로형 완성.

#5

스티치 연습

스티치 연습 1

도안 • PAGE 212

사용한 실	● 471 ● 797
사용한 스티치	스트레이트S, 그라니토스S, 프렌치 노트S, 레이지 데이지S, 레이지 데이지+스트레이트S1·S2, 더블 레이지 데이지S

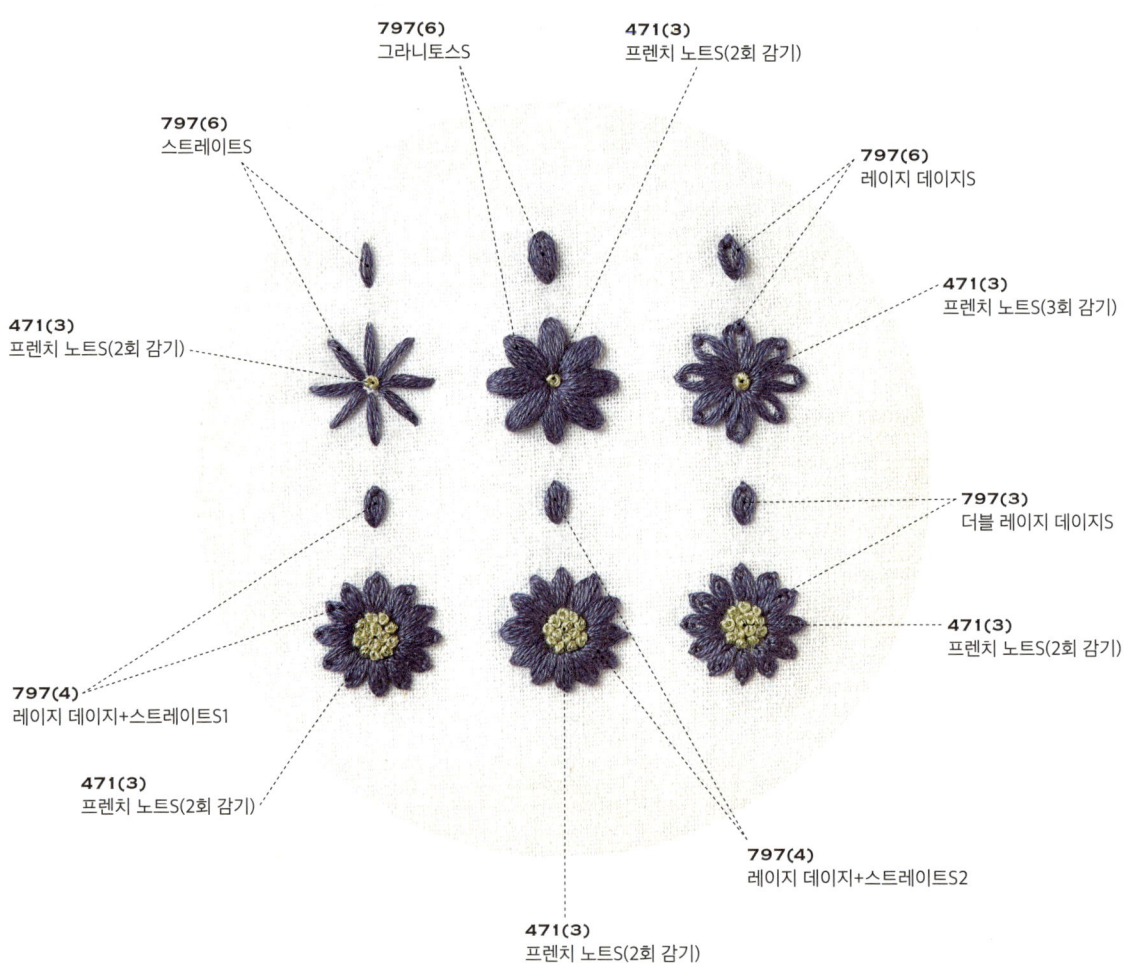

797(6) 그라니토스S
471(3) 프렌치 노트S(2회 감기)
797(6) 스트레이트S
797(6) 레이지 데이지S
471(3) 프렌치 노트S(2회 감기)
471(3) 프렌치 노트S(3회 감기)
797(3) 더블 레이지 데이지S
471(3) 프렌치 노트S(2회 감기)
797(4) 레이지 데이지+스트레이트S1
471(3) 프렌치 노트S(2회 감기)
797(4) 레이지 데이지+스트레이트S2
471(3) 프렌치 노트S(2회 감기)

스티치 연습 2

도안 • PAGE 213

사용한 실	● 372 ● 760 ● 761 ● 3712
사용한 스티치	프렌치 노트S, 스파이더 웹 로즈S

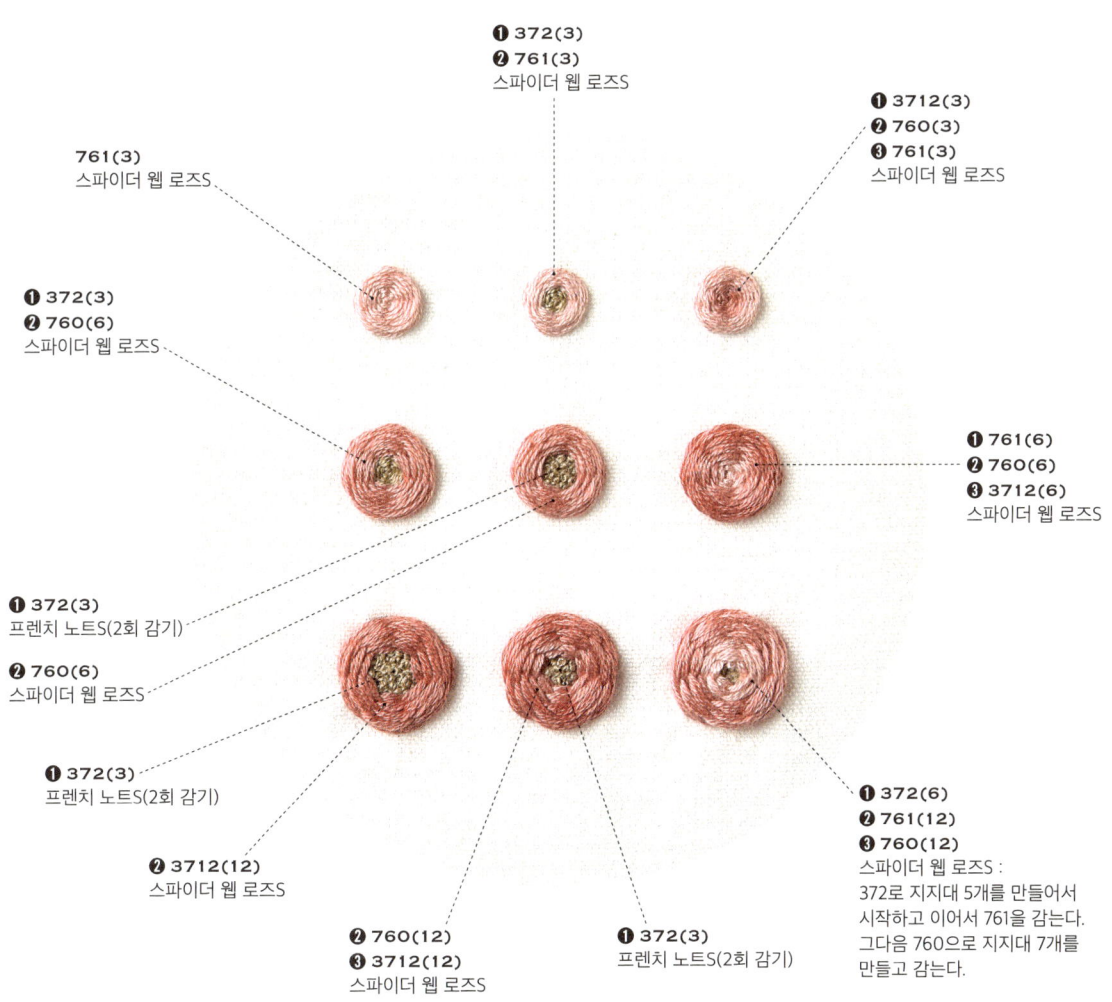

761(3)
스파이더 웹 로즈S

❶ 372(3)
❷ 760(6)
스파이더 웹 로즈S

❶ 372(3)
프렌치 노트S(2회 감기)
❷ 760(6)
스파이더 웹 로즈S

❶ 372(3)
프렌치 노트S(2회 감기)
❷ 3712(12)
스파이더 웹 로즈S

❶ 372(3)
❷ 761(3)
스파이더 웹 로즈S

❷ 760(12)
❸ 3712(12)
스파이더 웹 로즈S

❶ 372(3)
프렌치 노트S(2회 감기)

❶ 3712(3)
❷ 760(3)
❸ 761(3)
스파이더 웹 로즈S

❶ 761(6)
❷ 760(6)
❸ 3712(6)
스파이더 웹 로즈S

❶ 372(6)
❷ 761(12)
❸ 760(12)
스파이더 웹 로즈S :
372로 지지대 5개를 만들어서 시작하고 이어서 761을 감는다. 그다음 760으로 지지대 7개를 만들고 감는다.

스티치 연습 3

도안 • PAGE 214

| 사용한 실 | ● 3012 ● 3820 ● 3822 ● 3852 |

| 사용한 스티치 | 프렌치 노트S, 블리온S1·S2 |

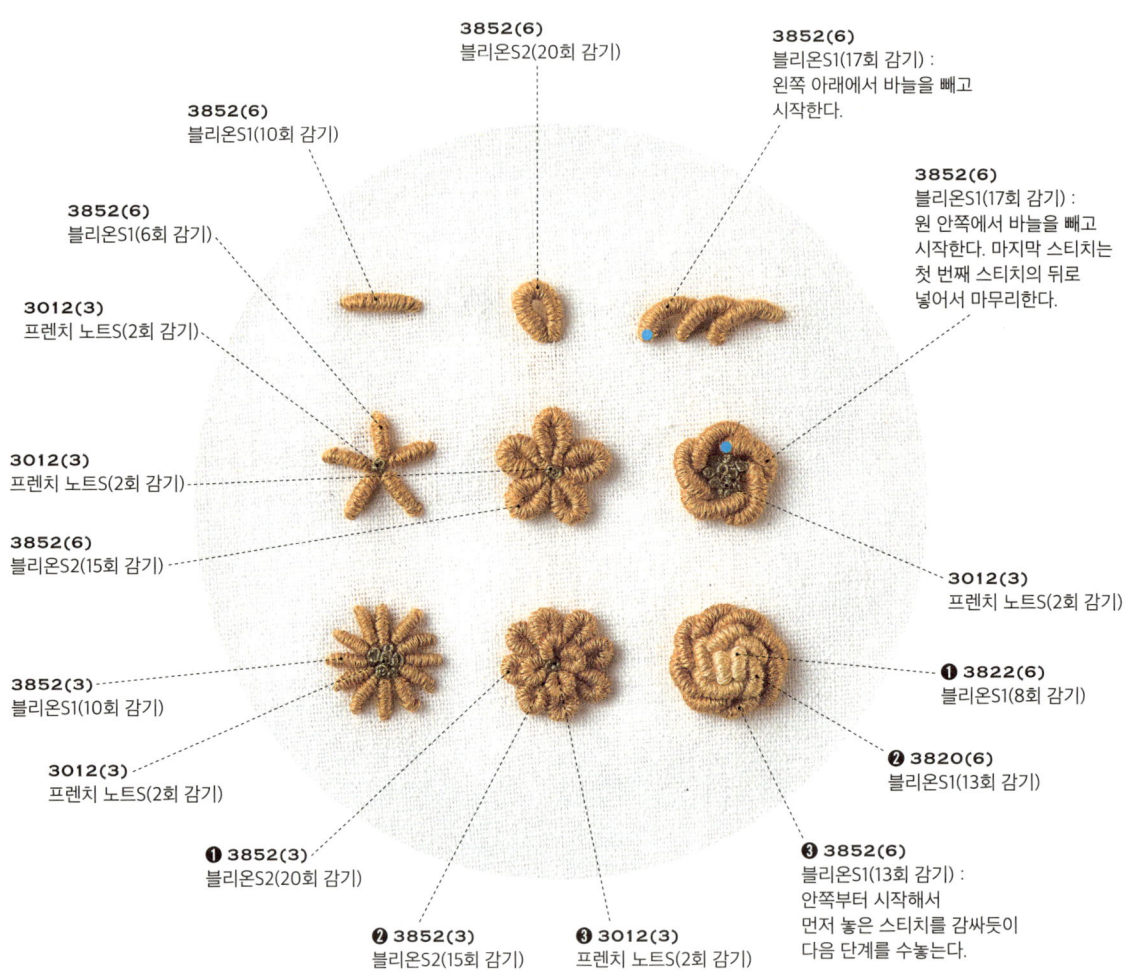

스티치 연습 4

도안 • PAGE 215

사용한 실	○ 10 ● 209 ● 210 ● 451(애플톤 울사)
사용한 스티치	프렌치 노트S, 로제트 체인S, 링S, 휘프드 링S, 드리즐S

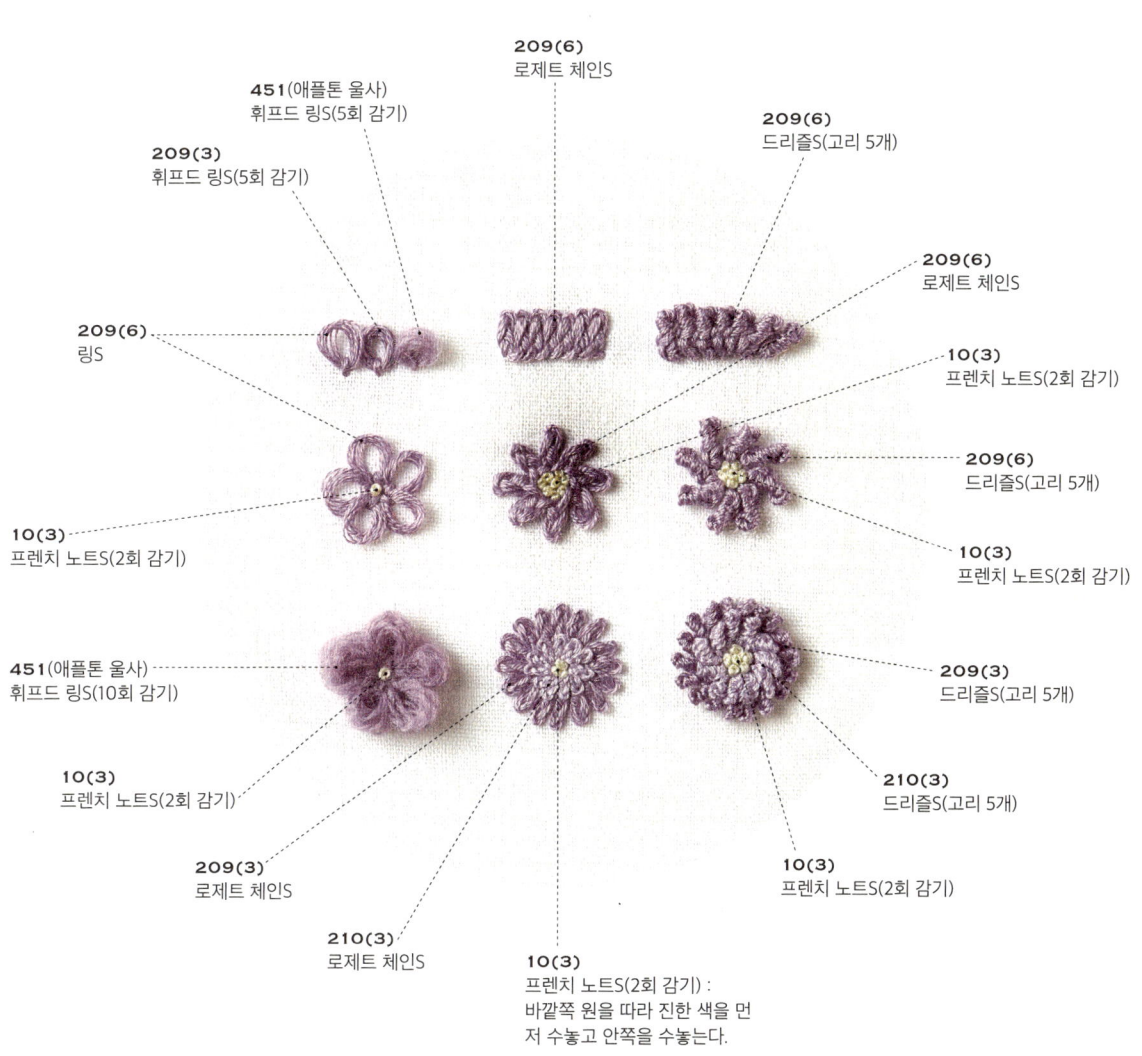

209(6)
로제트 체인S

451(애플톤 울사)
휘프드 링S(5회 감기)

209(3)
휘프드 링S(5회 감기)

209(6)
드리즐S(고리 5개)

209(6)
링S

209(6)
로제트 체인S

10(3)
프렌치 노트S(2회 감기)

10(3)
프렌치 노트S(2회 감기)

209(6)
드리즐S(고리 5개)

10(3)
프렌치 노트S(2회 감기)

451(애플톤 울사)
휘프드 링S(10회 감기)

209(3)
드리즐S(고리 5개)

10(3)
프렌치 노트S(2회 감기)

210(3)
드리즐S(고리 5개)

209(3)
로제트 체인S

10(3)
프렌치 노트S(2회 감기)

210(3)
로제트 체인S

10(3)
프렌치 노트S(2회 감기) :
바깥쪽 원을 따라 진한 색을 먼저 수놓고 안쪽을 수놓는다.

스티치 연습 5

도안 • PAGE 216

사용한 실	● 350　● 351　● 472
사용한 스티치	프렌치 노트S, 스미르나S1 · S2 · S3

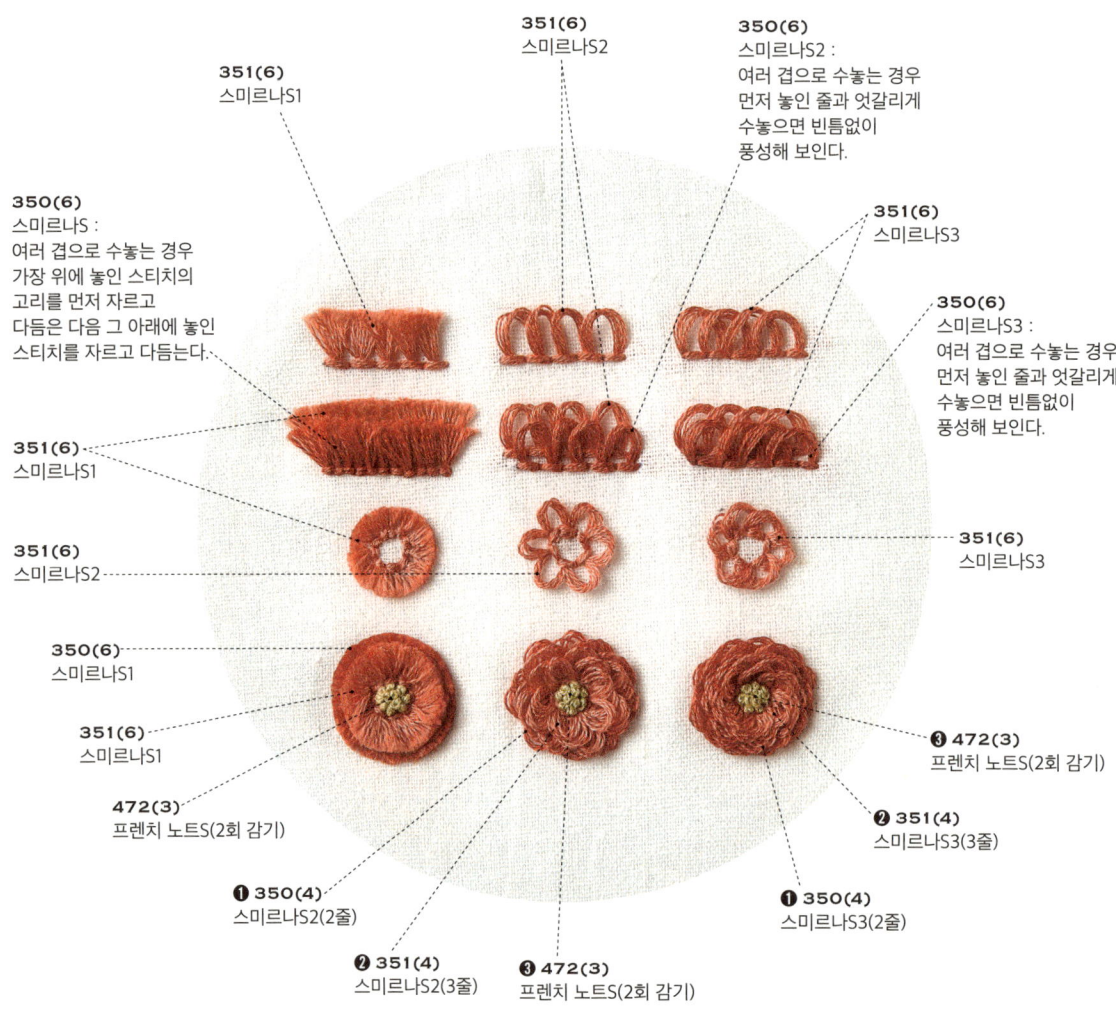

351(6)
스미르나S1

350(6)
스미르나S :
여러 겹으로 수놓는 경우
가장 위에 놓인 스티치의
고리를 먼저 자르고
다듬은 다음 그 아래에 놓인
스티치를 자르고 다듬는다.

351(6)
스미르나S1

351(6)
스미르나S2

350(6)
스미르나S1

351(6)
스미르나S1

472(3)
프렌치 노트S(2회 감기)

❶ **350(4)**
스미르나S2(2줄)

❷ **351(4)**
스미르나S2(3줄)

351(6)
스미르나S2

350(6)
스미르나S2 :
여러 겹으로 수놓는 경우
먼저 놓인 줄과 엇갈리게
수놓으면 빈틈없이
풍성해 보인다.

351(6)
스미르나S3

350(6)
스미르나S3 :
여러 겹으로 수놓는 경우
먼저 놓인 줄과 엇갈리게
수놓으면 빈틈없이
풍성해 보인다.

351(6)
스미르나S3

❸ **472(3)**
프렌치 노트S(2회 감기)

❷ **351(4)**
스미르나S3(3줄)

❶ **350(4)**
스미르나S3(2줄)

❸ **472(3)**
프렌치 노트S(2회 감기)

스티치 연습 6

도안 • PAGE 217

사용한 실	10　●722　●922　●3825
사용한 스티치	프렌치 노트S, 캐스트 온S1・S2・S3

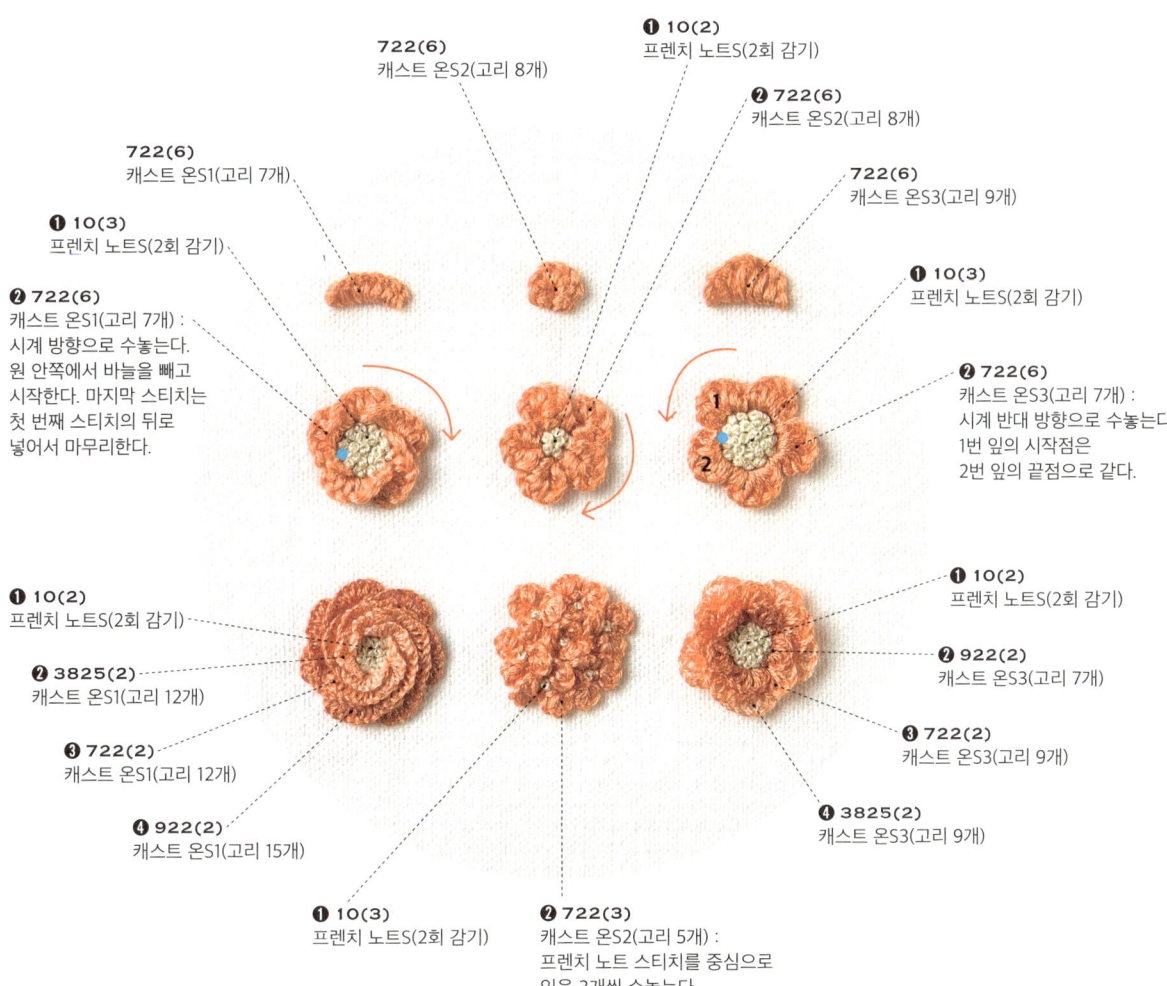

스티치 연습 7

도안 • PAGE 218

사용한 실	● 895 ● 987 ● 3012 ● 3013 ● 3347 ● 3781
사용한 스티치	스트레이트S, 펀S, 플라이 리프S, 피시본S, 새틴S, 블랭킷S, 우븐 피콧S, 아웃라인S, 백S, 체인S, 스플릿S

3013(1) 아웃라인S

895(2) 스플릿S : 도안을 따라 테두리를 먼저 수놓고 안쪽으로 촘촘하게 채운다.

3347(4) 블랭킷S : A에서 시작해 한쪽을 수놓고 B에서 마무리한다. C로 나와 D에 걸고 나머지를 수놓은 후 F에서 마무리한다.

3347(4) 아웃라인S

3012(3) 피시본S

3013(3) 피시본S : 두 가지 실을 번갈아가며 스티치한다.

3012(3) 아웃라인S

895(6) 플라이 리프S

987(6) 백S

987(6) 펀S

895(6) 백S

3347(3) 백S

3347(3) 플라이 리프S

3013(2) 새틴S

3012(2) 새틴S

3781(2) 백S

3012(3) 우븐 피콧S

3347(3) 우븐 피콧S

895(3) 우븐 피콧S

❶ **987(2)** 체인S

❷ **3013(2)** 아웃라인S

❸ **3013(2)** 스트레이트S

스티치 연습 8

도안 • PAGE 219

사용한 실	● 7 ● 407 ● 3893
사용한 스티치	아웃라인S, 체인S, 스플릿S

7(3)
아웃라인S

7(3)
체인S

407(2)
스플릿S

3893(2)
체인S

스티치 연습 9

도안 • PAGE 219

사용한 실	● 3781 ● 3862 ● 3863 ● 3864
사용한 스티치	스템S, 바스켓S

3863(2)+3862(2)
스템S

3863(2)+3862(2)
바스켓S :
1줄씩 번갈아가면서 엮는다.

3863(2)+3862(2)
스템S

3781(1)+3862(4)
스템S

3781(1)+3862(4)
바스켓S :
지지대를 가로로 두고
세로 방향으로 실을 엮는다.

3781(1)+3862(4)
스템S

3863(2)+3862(2)
스템S

3863(2)+3862(2)
바스켓S :
2줄씩 번갈아가면서 엮는다.

3863(2)+3862(2)
스템S

3864(2)+3863(4)
스템S

3864(2)+3863(4)
바스켓S

Part 2

꽃을 수놓는 시간

Purple and Blue

◇

라벤더 / 블루스타

나비수국 / 클레마티스

#1

보라색과 파란색 꽃

라벤더 ◇

프로방스의 향기가 느껴지는 라벤더를 수틀 안에 담았습니다.
연보라색 작은 꽃망울 사이로
빨간색 무당벌레가 시선을 사로잡습니다.

도안 • PAGE 220

사용한 실	라벤더	● 209　● 310　● 321　● 333　● 677　● 3053
	라벤더 리스	● 209　● 310　● 321　● 333　● 677　● 3053　● 3363
사용한 스티치	라벤더	스트레이트S, 아웃라인S, 레이지 데이지+스트레이트S2, 프렌치 노트S, 새틴S
	라벤더 리스	스트레이트S, 아웃라인S, 레이지 데이지+스트레이트S2, 프렌치 노트S, 새틴S, 리본S, 백S

333(6)
스트레이트S

310(2)
새틴S

321(2)
새틴S

310(2)
프렌치 노트S(1회 감기)

209(2)
레이지 데이지+스트레이트S2

677(2)
프렌치 노트S(1회 감기)

3053(2)
스트레이트S

3053(2)
아웃라인S

3363(3)
레이지 데이지+스트레이트S2

310(2)
새틴S

310(2)
프렌치 노트S(1회 감기)

321(2)
새틴S

3053(2)
스트레이트S

333(6)
스트레이트S

3053(2)
아웃라인S

209(2)
레이지 데이지+스트레이트S2

677(2)
프렌치 노트S(1회 감기)

333(6)
리본S

310(2)
백S

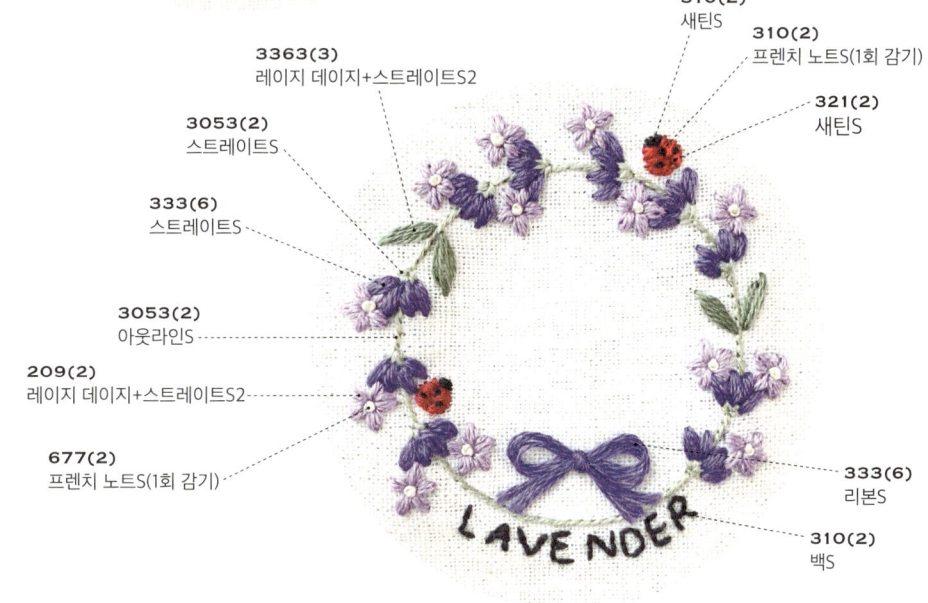

| 수놓는 방법 |

1 보라색 꽃잎은 스트레이트 스티치의 끝부분을 잘 모아 벌어지지 않도록 수놓는다.

2 짧은 땀으로 꽃받침을 수놓고, 아웃라인 스티치로 줄기를 곧게 수놓는다.

3 활짝 핀 연보라색 꽃잎을 수놓고 꽃잎 가운데에 1회 감는 프렌치 노트 스티치로 수술을 수놓는다.

TIP | 꽃잎을 수놓을 때 도안 선 안쪽으로 바늘을 빼서 고리를 만들고 선 위로 바늘을 넣으면 도안보다 크지 않게 작은 꽃을 만들 수 있어요.

4 새틴 스티치로 무당벌레의 날개와 머리를 수놓고 프렌치 노트 스티치로 검정 무늬를 수놓는다.

TIP | 검정 무늬를 수놓을 때 실을 너무 세게 당기면 새틴 스티치 사이로 들어갈 수 있으니 살살 당겨 날개 위에 살짝 얹어주세요.

| 도안 응용하기 : 라벤더 리스 |

1. 라벤더 과정 1~4와 같은 방법으로 수놓고 초록색 잎을 수놓아주세요.

2. 초록색 잎의 레이지 데이지 스티치를 할 때 고리를 작게 만들고 고리를 고정하는 땀을 길게 빼면 끝이 뾰족한 잎을 만들 수 있습니다.

3. 'LAVENDER' 글씨를 수놓은 후 실 6가닥으로 리본을 만들어 고정합니다.

TIP | 향주머니 만들기는 30쪽을 참고하세요.

블루스타 ◇

블루스타 꽃잎은 하늘색 물감이 번진 것처럼 은은한 색감을
띕니다. 꽃잎마다 다른 색의 농도를 표현하기 위해
두 가지 색 실을 여러 비율로 섞어 표현했습니다.

도안 • PAGE 221

사용한 실	● 26　● 30　● 211　● 746　● 826　● 3013　● 3325　● 3362　● 3363　● 3364　○ 3753　○ BLANC
사용한 스티치	스플릿S, 레이지 데이지+스트레이트S1, 새틴S, 아웃라인S, 프렌치 노트S, 그라니토스S

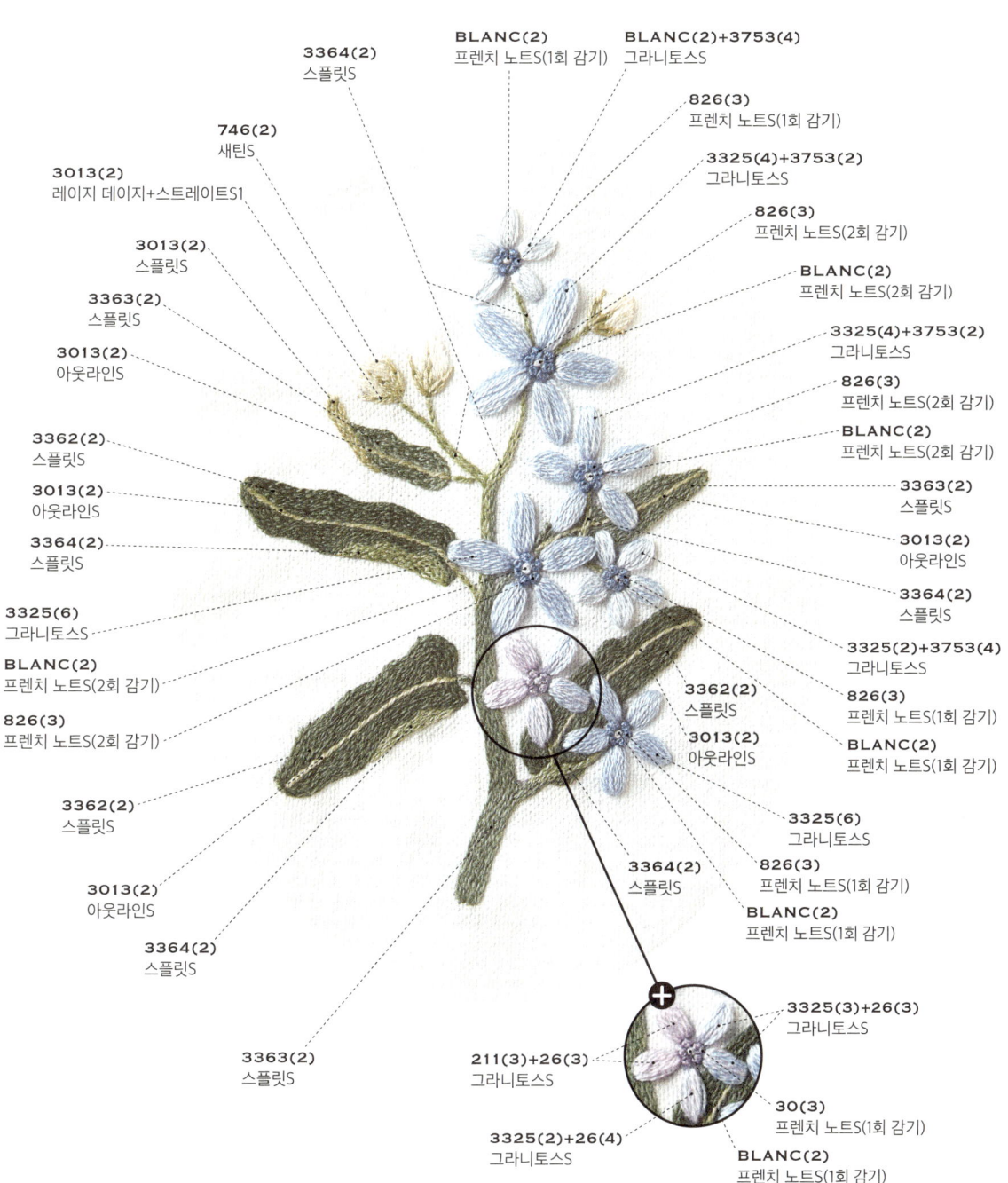

| 수놓는 방법 |

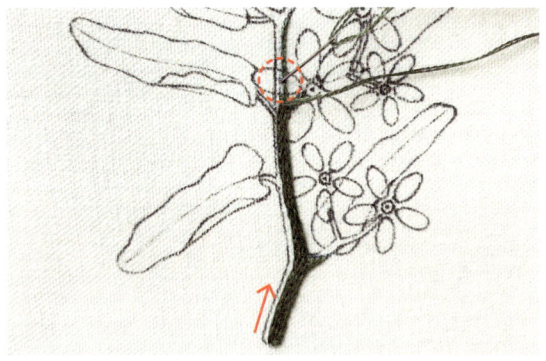

1 줄기를 투 톤으로 수놓기 위해 줄기의 아랫부분에서 시작해 한 방향으로 수놓는다. 컬러가 바뀌는 부분은 반 땀이 아닌 한 땀 앞으로 넣은 상태에서 마무리한다.

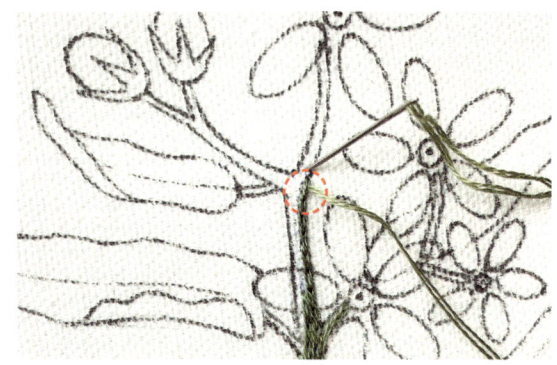

2 3364번 실을 과정 1의 마지막 땀 가운데로 빼고 이어서 스플릿 스티치로 수놓는다.

3 꽃받침을 레이지 데이지 스티치로 수놓는다. 고리를 고정하는 땀을 길게 빼서 끝부분을 뾰족하게 만들고 고리 안쪽을 스트레이트 스티치로 수놓는다.

4 봉오리를 새틴 스티치로 촘촘히 수놓는다.

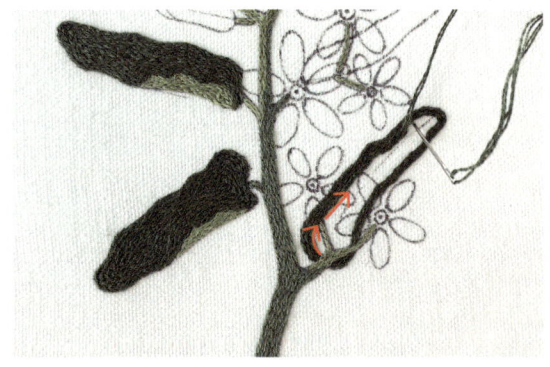

5 잎은 곡선 모양이 뭉개지지 않도록 가장자리를 먼저 수놓고 안쪽을 촘촘하게 수놓는다. 줄기와 겹치는 부분은 줄기 아래로 바늘을 비스듬히 넣어 마무리하고 다시 반대쪽으로 비스듬히 바늘을 뺀다.

6 잎 위에 잎맥을 다시 그려 아웃라인 스티치로 수놓는다.

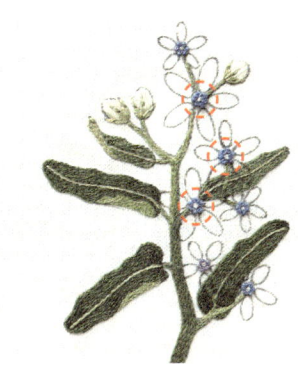 

7 큰 꽃술 3개는 프렌치 노트 스티치를 2회 감아서 수놓고 나머지 작은 꽃술은 1회 감아서 수놓는다.

8 꽃잎 중간에 작은 한 땀을 뜨고 그라니토스 스티치로 수놓는다.

TIP | 실의 가닥수가 많을 때는 스티치로 가려지는 부분에 한 땀 작게 뜨고 스티치를 시작하면 매듭이 걸리지 않게 수놓을 수 있어요.

9 나머지 꽃잎도 그러데이션 느낌이 나도록 수놓는다.

TIP | A 실과 B 실을 1가닥씩 교차로 합쳐 사용해야 같은 색끼리 뭉치지 않고 자연스럽게 색이 섞인 느낌을 표현할 수 있어요.

나비수국 ◇

우리가 흔히 보는 수국과는 모양이 많이 다릅니다. 꽃잎이 나비가 앉은 모양 같다고 해서 나비수국이라는 이름이 붙었어요. 대롱처럼 긴 수술을 얇고 촘촘히 수놓는 게 포인트입니다.

도안 · PAGE 222

사용한 실	● 28 ● 156 ● 340 ● 797 ● 3053 ● 3740 ○ 3747 ● 3807
사용한 스티치	프렌치 노트S, 아웃라인S, 백S, 체인S, 스템S, 레이지 데이지S, 새틴S

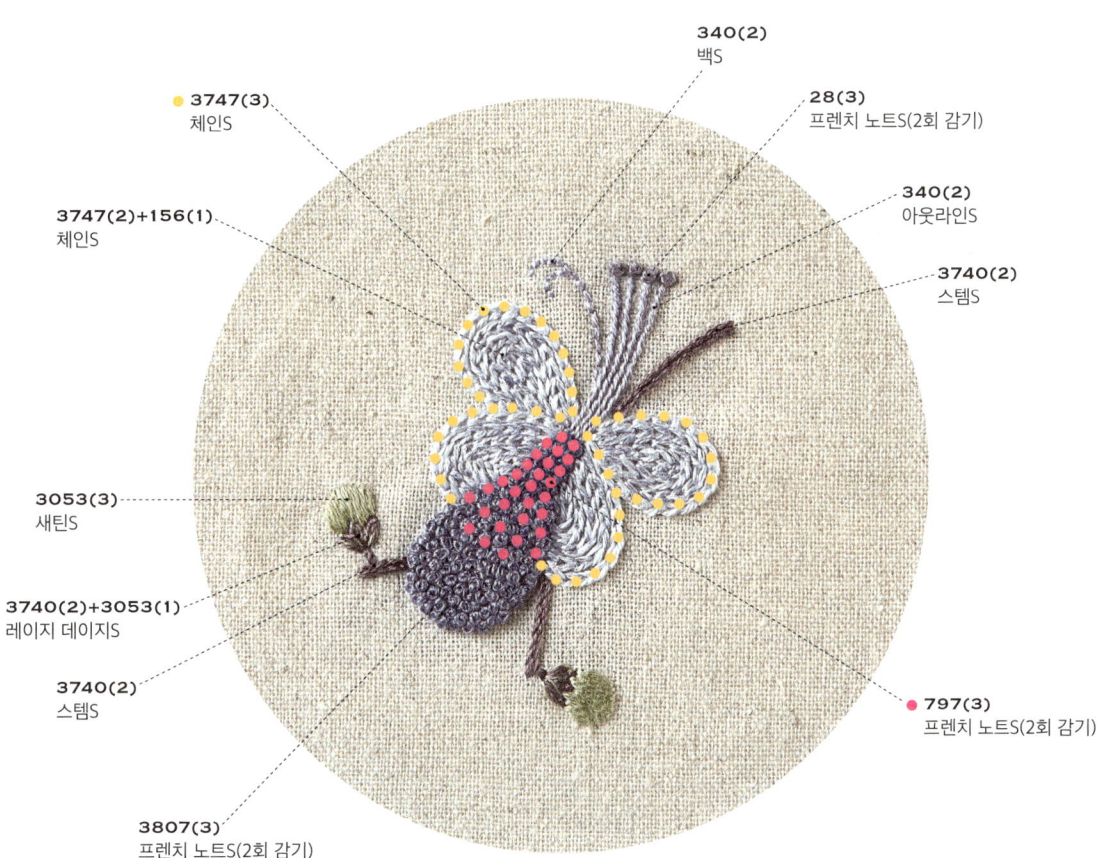

340(2)
백S

28(3)
프렌치 노트S(2회 감기)

3747(3)
체인S

340(2)
아웃라인S

3747(2)+156(1)
체인S

3740(2)
스템S

3053(3)
새틴S

3740(2)+3053(1)
레이지 데이지S

797(3)
프렌치 노트S(2회 감기)

3740(2)
스템S

3807(3)
프렌치 노트S(2회 감기)

| 수놓는 방법 |

1 가운데 길쭉한 꽃잎을 중심에서부터 3등분으로 나누고 A 부분을 촘촘하게 수놓는다.

2 B 부분은 듬성듬성 수놓는다.

3 연한 색 실로 바꿔 B의 빈 부분과 C 부분을 촘촘하게 수놓는다.

4 긴 수술대 4개를 아웃라인 스티치로 얇게 수놓고 끝부분에 프렌치 노트 스티치를 수놓는다. 끝이 갈라진 암술은 백 스티치로 수놓는다.

5 양쪽 꽃잎은 테두리부터 체인 스티치로 수놓는다.

6 실을 바꿔 꽃잎의 안쪽을 채운다.

TIP | A 실과 B 실을 1가닥씩 교차로 합쳐 사용해야 같은 색끼리 뭉치지 않고 자연스럽게 색이 섞인 느낌을 표현할 수 있어요.

7 줄기를 스템 스티치로 나란히 수놓는다. 꽃봉오리와 연결되는 짧은 줄기도 꼼꼼히 수놓는다.

TIP | 스템 스티치를 나란히 수놓을 때는 같은 방향으로 해야 결이 자연스러워요.

8 3740번 실 2가닥과 3053번 실 1가닥으로 꽃받침을 수놓는다.

9 꽃봉오리를 새틴 스티치로 촘촘히 수놓아 완성한다.

클레마티스 ◇

'당신의 마음은 진실로 아름답다'라는
예쁜 꽃말을 가진 꽃이에요. 보라색 계열의 꽃들을
리스 모양으로 수놓아 덩굴 느낌을 냈습니다.

도안 • PAGE 223

사용한 실	● 34 ● 35 ● 153 ● 155 ● 209 ● 544 ● 552 ● 739 ● 839 ● 986 ● 987 ● 3364 ● 3746
사용한 스티치	스템S, 백S, 플라이 리프S, 레이지 데이지+스트레이트S1·S2, 스미르나S1, 프렌치 노트S

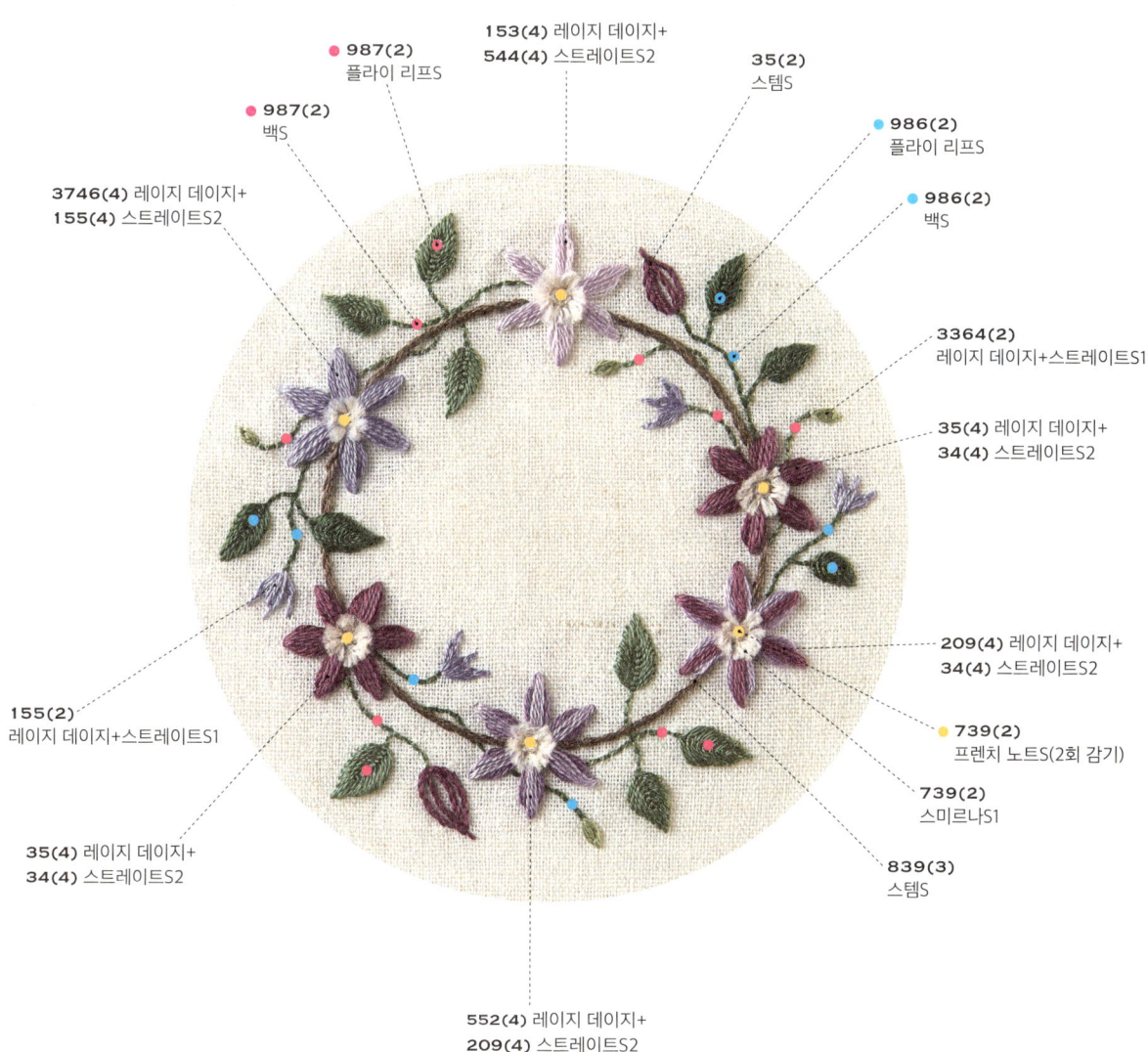

987(2) 플라이 리프S

987(2) 백S

153(4) 레이지 데이지+
544(4) 스트레이트S2

35(2) 스템S

986(2) 플라이 리프S

986(2) 백S

3746(4) 레이지 데이지+
155(4) 스트레이트S2

3364(2) 레이지 데이지+스트레이트S1

35(4) 레이지 데이지+
34(4) 스트레이트S2

209(4) 레이지 데이지+
34(4) 스트레이트S2

155(2) 레이지 데이지+스트레이트S1

739(2) 프렌치 노트S(2회 감기)

739(2) 스미르나S1

35(4) 레이지 데이지+
34(4) 스트레이트S2

839(3) 스템S

552(4) 레이지 데이지+
209(4) 스트레이트S2

| 수놓는 방법 |

1 줄기의 곡선 모양을 살려 스템 스티치로 수놓는다.

2 초록색 줄기를 백 스티치로 수놓고, 잎은 플라이 리프 스티치로 촘촘하게 수놓는다.

TIP | 줄기가 휘어지는 부분은 한 땀의 길이를 짧게 하여 촘촘하게 수놓아주세요.

3 꽃잎과 작은 봉오리는 레이지 데이지 스티치로 수놓고 안쪽을 스트레이트 스티치로 채운다.

TIP | 꽃잎은 고리를 고정하는 스티치를 길게 빼서 끝이 뾰족해지도록 수놓아주세요. 양쪽 잎을 먼저 수놓고 가운데 잎을 마지막에 수놓으면 깔끔하게 마무리됩니다.

4 큰 꽃봉오리는 도안을 따라 짧은 땀의 스템 스티치로 수놓는다.

5 큰 꽃잎은 레이지 데이지 스티치를 먼저 수놓고 실 색깔을 바꿔 스트레이트 스티치를 수놓는다.

6 꽃잎 안쪽에 스미르나 스티치를 수놓고 고리를 남겨둔 상태에서 가운데에 프렌치 노트 스티치를 수놓는다. 스미르나 스티치의 고리를 자른 후 길이를 다듬는다.

7 클레마티스 완성.

Yellow and Orange

◇

해바라기 / 유채꽃

아이슬란드 포피 / 개나리

#2

노란색과 주황색 꽃

해바라기 ◇

대표적인 여름 꽃으로, 해를 닮아 태양의 꽃으로도 불립니다.
도시에서 보기 힘든 해바라기를 수틀에 담아볼게요.
단순한 도안이지만 잎마다 다른 색 실을 사용해
다채롭게 표현했습니다.

도안 • PAGE 224

사용한 실	해바라기	● 782 ● 783 ● 986 ● 987 ● 3012 ● 3053 ● 3345 ● 3347 ● 3781
		● 3820 ● 3821
	해바라기 패턴	● 782 ● 895 ● 3012 ● 3346 ● 3781 ● 3820 ● 3822
사용한 스티치	해바라기	아웃라인S, 블랭킷S, 프렌치 노트S, 레이지 데이지+스트레이트S2
	해바라기 패턴	아웃라인S, 블랭킷S, 프렌치 노트S, 레이지 데이지+스트레이트S2, 스트레이트S

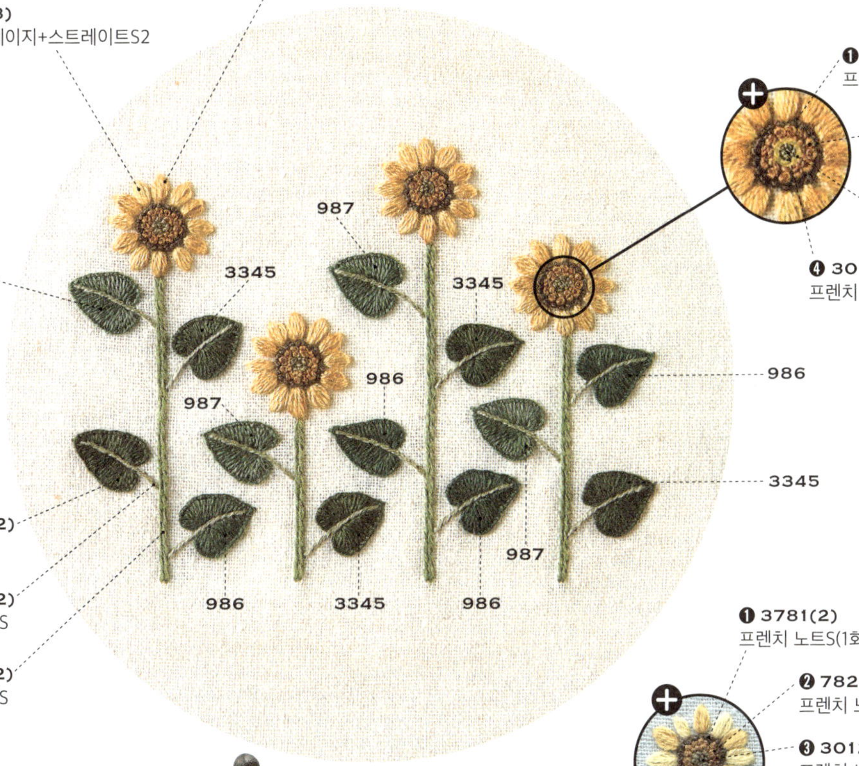

3821(3)
레이지 데이지+스트레이트S2

3820(3)
레이지 데이지+스트레이트S2

❶ 3781(2)
프렌치 노트S(1회 감기)

❷ 782(2)
프렌치 노트S(2회 감기)

❸ 783(2)
프렌치 노트S(1회 감기)

❹ 3012(2)
프렌치 노트S(1회 감기)

987
3345
987
3345
986
986
3345
986
987

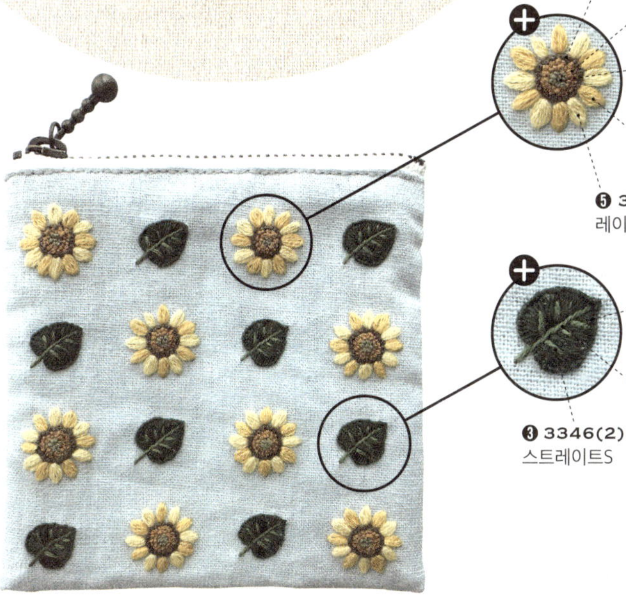

3345(2)
블랭킷S

3053(2)
아웃라인S

3347(2)
아웃라인S

❶ 3781(2)
프렌치 노트S(1회 감기)

❷ 782(2)
프렌치 노트S(1회 감기)

❸ 3012(2)
프렌치 노트S(1회 감기)

❹ 3820(3)
레이지 데이지+스트레이트S2

❺ 3822(3)
레이지 데이지+스트레이트S2

❶ 895(2)
블랭킷S

❷ 3346(2)
아웃라인S

❸ 3346(2)
스트레이트S

| 수놓는 방법 |

1 줄기는 아웃라인 스티치를 같은 방향으로 나란히 수놓는다.

2 잎 모양을 자연스럽게 표현하기 위해 곡선 부분은 블랭킷 스티치로 짧은 땀과 긴 땀을 번갈아가면서 수놓는다.

3 잎맥은 아웃라인 스티치로 줄기와 자연스럽게 이어지도록 수놓는다.

TIP | 잎맥은 한 땀 앞으로 넣은 상태로 마무리하면 끝부분이 날렵하게 완성돼요.

4 수술은 프렌치 노트 스티치로 바깥쪽부터 한 줄씩 수놓는다.

TIP | 실 색깔과 감는 횟수를 헷갈리지 않도록 주의하세요.

5 꽃잎을 한 칸씩 건너뛰며 두 가지 색으로 수놓는다.

6 해바라기 완성.

| 도안 응용하기 : 해바라기 패턴 |

1 해바라기 과정 4~5와 같은 방법으로 꽃을 수놓아주세요.

2 과정 2~3과 같은 방법으로 잎과 줄기를 수놓아주세요.

TIP | 스트레이트 스티치로 잎맥을 넣어 귀여운 느낌을 더해보세요.

유채꽃 ◇

3월이면 제주 곳곳을 노랗게 물들이는 꽃입니다.
꽃이 피어있는 정도에 따라 갓 피기 시작한 모양부터
만개한 모양까지 세 가지로 표현했어요.

도안 • PAGE 225

사용한 실	● 17 ● 18 ● 734 ● 3362 ● 3363 ● 3364 ● 3821
사용한 스티치	아웃라인S, 스트레이트S, 백S, 블랭킷S, 그라니토스S, 레이지 데이지S, 플라이S, 프렌치 노트S, 블리온S2

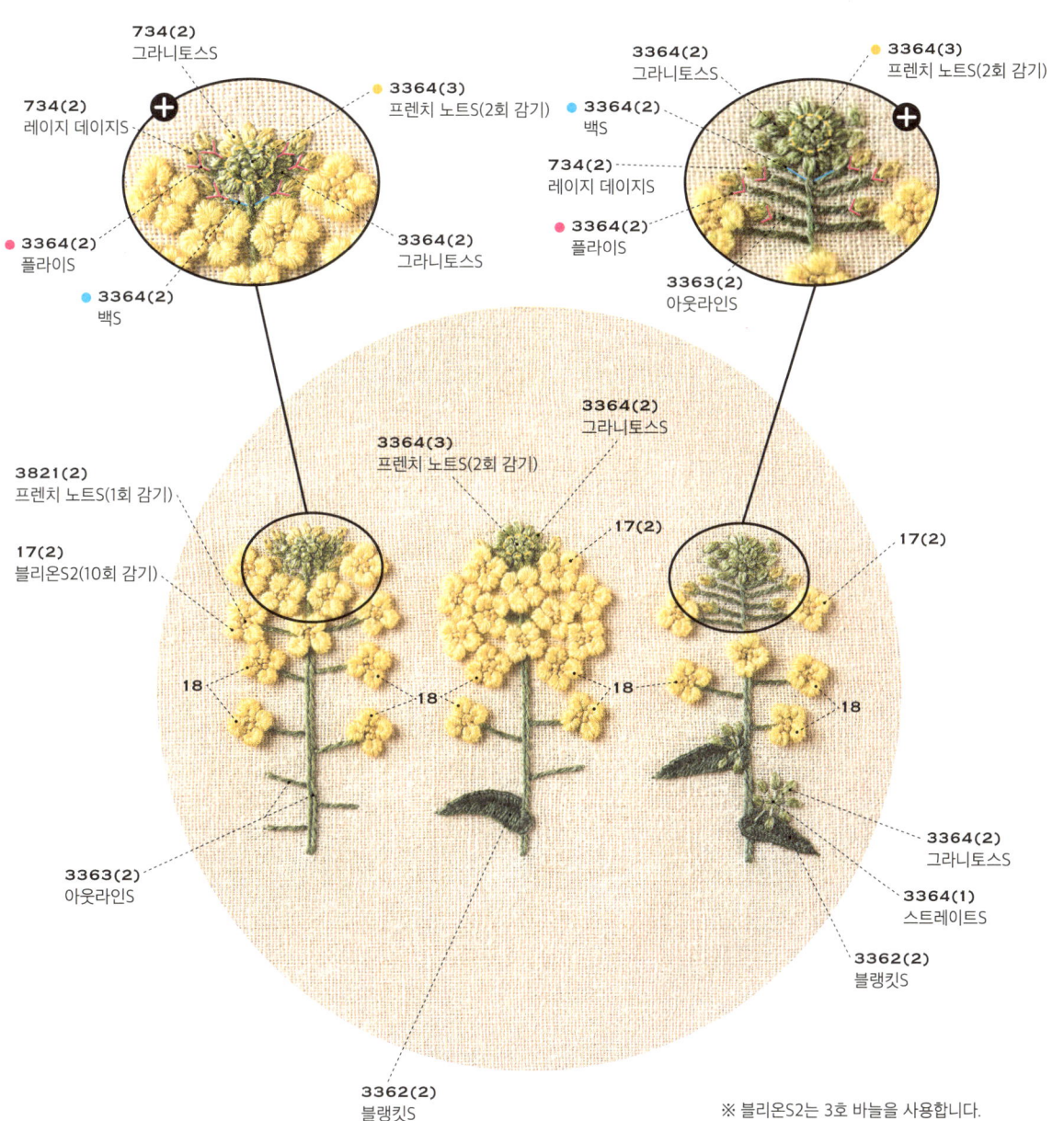

※ 블리온S2는 3호 바늘을 사용합니다.

| 수놓는 방법 |

1 줄기는 아웃라인 스티치로, 잎은 블랭킷 스티치로 수놓는다.

TIP | 잎이 길쭉한 모양일 때는 미리 가이드 선을 그려놓고 수놓으면 간격을 맞추기가 수월해요.

2 잎과 연결된 가는 줄기를 스트레이트 스티치로 수놓고, 줄기 끝에 그라니토스 스티치로 봉오리를 수놓는다.

3 플라이 스티치로 꽃받침을 먼저 수놓고 배 스티치와 아웃라인 스티치로 가는 줄기를 수놓는다.

4 꽃받침과 연결된 봉오리는 레이지 데이지 스티치로 수놓고, 나머지 봉오리는 그라니토스 스티치로 수놓는다.

TIP | 그라니토스 스티치로 곧 꽃망울이 터질 듯한 통통한 느낌을 표현할 수 있어요.

5 프렌치 노트 스티치로 꽃 위쪽 작은 봉오리는 2회, 꽃잎 가운데 수술은 1회 감아 수놓는다.

6 꽃잎은 블리온 스티치로 프렌치 노트 스티치를 둘러싸며 4개씩 수놓아 완성한다.

TIP | 꽃잎을 수놓을 때는 실 가닥수가 적어도 두꺼운 3호 바늘을 써야 통통하게 예쁜 수를 놓을 수 있어요

아이슬란드 포피 ◇

숙근꽃양귀비로도 불리며, 줄기의 곡선 라인과 하늘하늘한 꽃잎이 사랑스러운 꽃이에요. 보송한 털이 난 꽃봉오리 느낌을 살리기 위해 울사를 사용했습니다.

도안 • PAGE 226

사용한 실	아이슬란드 포피	● 350　● 676　● 734　● 3053　● 3774　● 3822　● 3854
		○ BLANC　● 356(애플톤 울사)
	아이슬란드 포피 꽃병	● 7　● 8　● 350　● 676　● 734　● 3053　● 3774　● 3854
		● 3822　○ BLANC　● 356(애플톤 울사)
사용한 스티치	아이슬란드 포피	아웃라인S, 새틴S, 스미르나S3, 프렌치 노트S
	아이슬란드 포피 꽃병	스플릿S, 새틴S, 스미르나S3, 프렌치 노트S, 아웃라인S

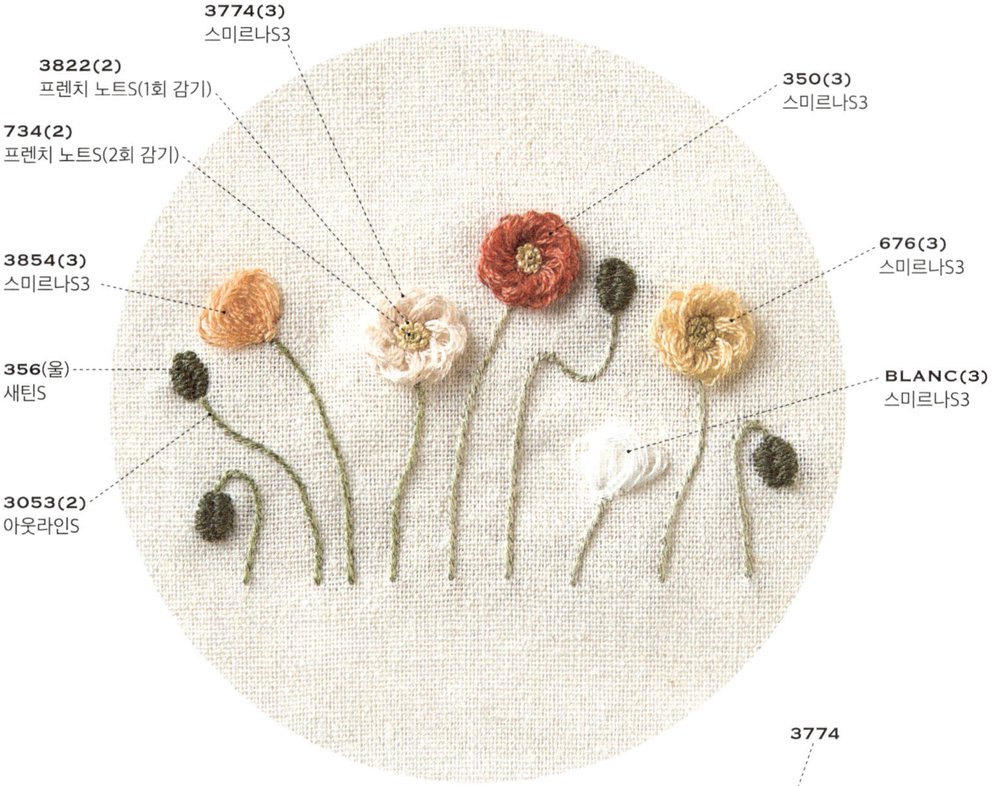

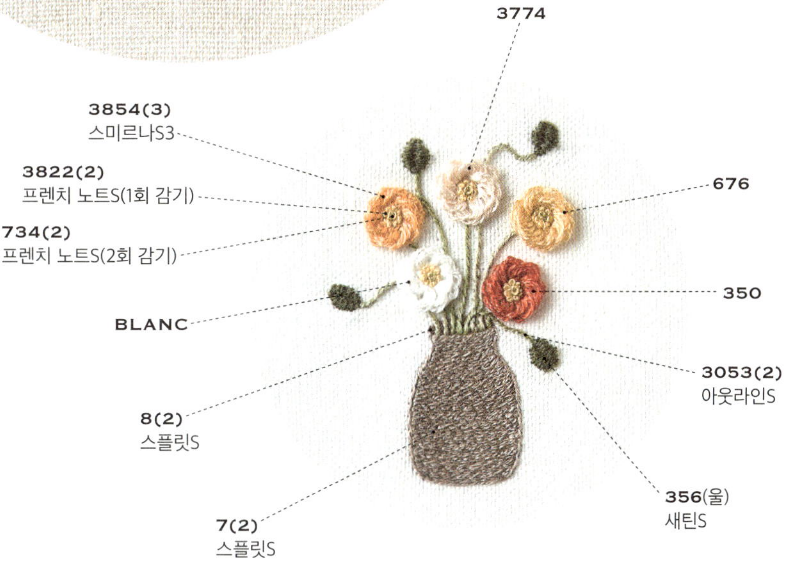

3774(3) 스미르나S3
3822(2) 프렌치 노트S(1회 감기)
734(2) 프렌치 노트S(2회 감기)
350(3) 스미르나S3
3854(3) 스미르나S3
676(3) 스미르나S3
356(울) 새틴S
BLANC(3) 스미르나S3
3053(2) 아웃라인S

3774
3854(3) 스미르나S3
3822(2) 프렌치 노트S(1회 감기)
676
734(2) 프렌치 노트S(2회 감기)
BLANC
350
3053(2) 아웃라인S
8(2) 스플릿S
356(울) 새틴S
7(2) 스플릿S

| 수놓는 방법 |

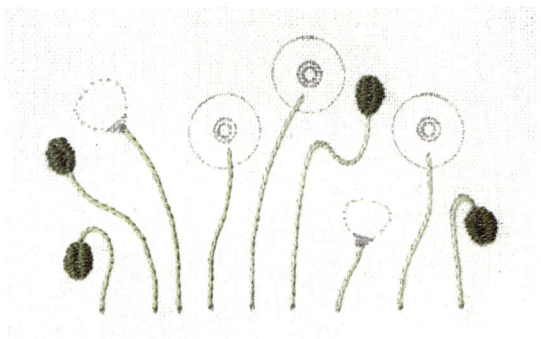

1 아웃라인 스티치로 줄기를 수놓고 새틴 스티치로 봉오리를 수놓는다.

TIP | 줄기의 곡선 부분은 직선 부분보다 땀의 간격을 좁혀 촘촘하게 수놓아야 자연스러워요.

2 측면 모양의 꽃은 스미르나 스티치 고리를 바짝 붙여 3줄 수놓는다. 첫 번째 줄은 고리 3개, 두 번째 줄은 고리 2개, 세 번째 줄은 고리 1개를 만든다.

3 활짝 핀 꽃잎은 도안을 따라 원형으로 2줄씩 수놓는다.

TIP | 한 땀의 간격을 1mm 정도로 촘촘하게 수놓아야 풍성한 꽃 모양이 만들어져요.

4 꽃잎 안쪽에 수를 바짝 붙여서 원형으로 프렌치 노트 스티치를 수놓는다. 실을 1회씩 감아서 작은 매듭으로 만든다.

5 수술의 가운데는 실을 2회 감아 크기를 다르게 해서 암술을 수놓는다.

| 도안 응용하기 : 아이슬란드 포피 꽃병 |

1 꽃병은 가장자리 먼저 스플릿 스티치로 수놓아주세요.

2 일정한 간격으로 가이드 선을 그려주세요. 가장자리의 스티치 가운데로 바늘을 빼서 좌우로 번갈아가면서 수놓으면 스티치가 한쪽으로 기울어지지 않아요.

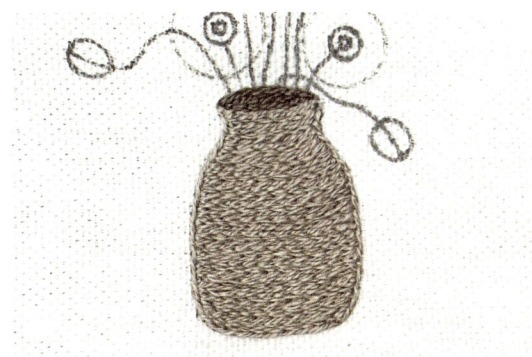

3 꽃병 안쪽은 진한 색으로 채워 입체감을 표현하세요.

4 꽃은 아이슬란드 포피 과정 1~5를 참고하여 수놓아주세요.

개나리 ◇

봄을 대표하는 앙증맞은 꽃입니다. 새 학기가 시작될 무렵
학교 담장 주변에서 많이 봤기 때문일까요?
개나리를 보면 밝고 활기찬 기운이 느껴져요.

도안 · PAGE 227

사용한 실	● 677 ● 783 ● 839 ● 3347 ● 3820 ● 3821 ● 3822
사용한 스티치	스템S, 로제트 체인S, 플라이S, 프렌치 노트S, 스트레이트S, 레이지 데이지S

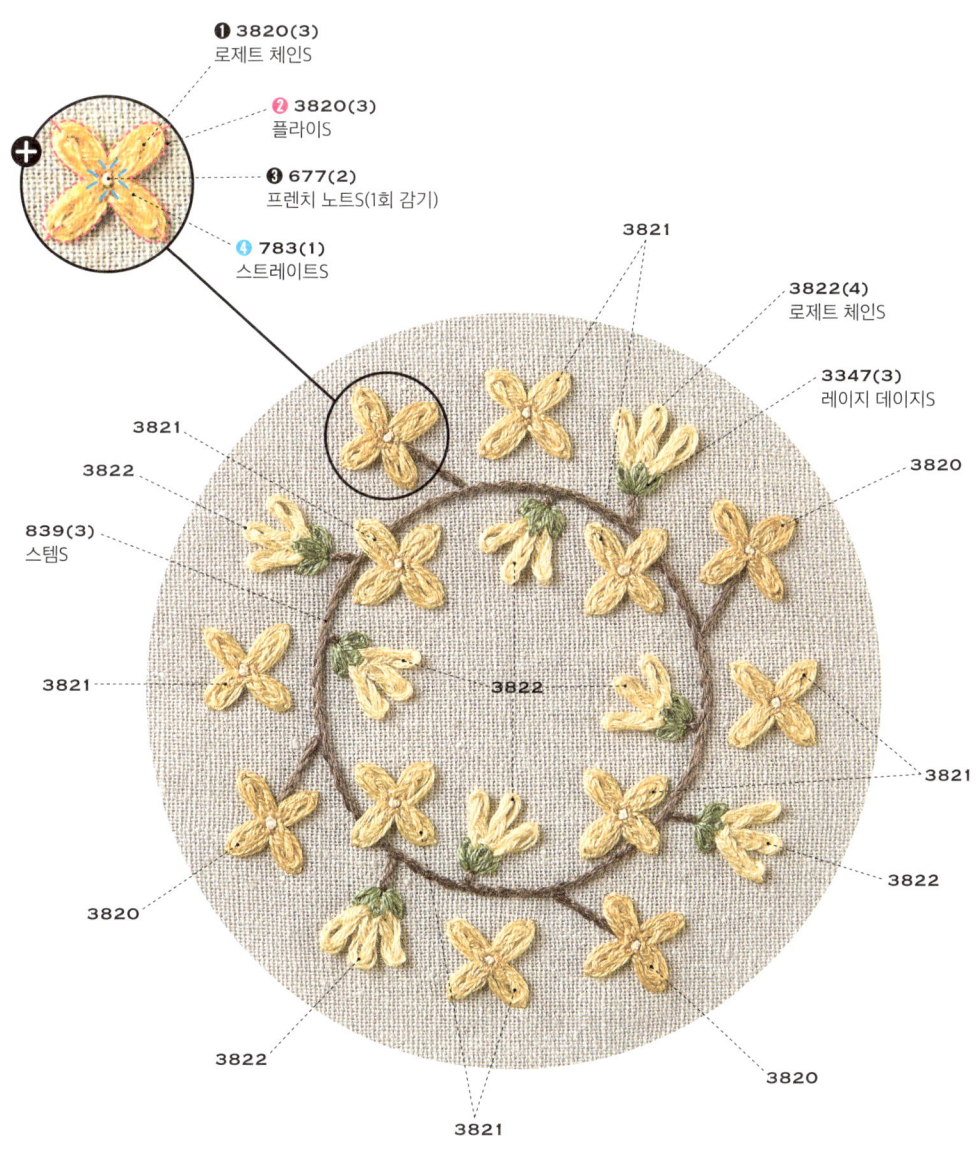

❶ 3820(3) 로제트 체인S
❷ 3820(3) 플라이S
❸ 677(2) 프렌치 노트S(1회 감기)
❹ 783(1) 스트레이트S

3821
3822(4) 로제트 체인S
3347(3) 레이지 데이지S
3820
3821
3822
839(3) 스템S
3821
3822
3820
3822
3820
3821

| 수놓는 방법 |

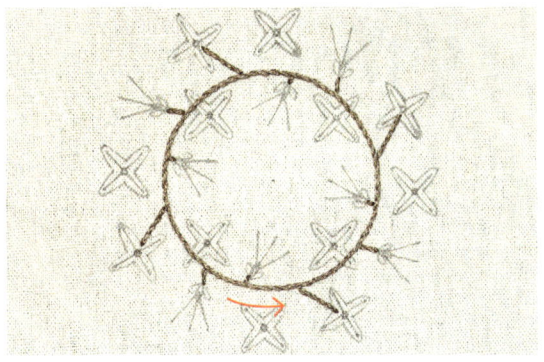

1 실은 원의 바깥쪽에 두고 시계 반대 방향으로 수를 놓는다.

2 로제트 체인 스티치로 꽃잎을 4개 수놓는다.

3 로제트 체인 스티치 바깥쪽으로 플라이 스티치를 수놓는다. A로 바늘을 빼고 B로 넣어서 고리를 만든 후 C로 빼서 실을 당긴다.

4 고리 바깥쪽으로 바늘을 넣어 마무리한다.

5 꽃 가운데에 있는 수술은 프렌치 노트 스티치로 실을 1번 감아 표현한다.

6 스트레이트 스티치로 수술 주변에 포인트를 넣는다.

7 측면 모양의 꽃잎은 시작점 A 바로 옆인 B에서 바늘을 뺀다. 바늘을 A로 넣은 후 C로 빼 바늘을 걸친 상태에서 스티치를 시작한다.

8 로제트 체인 스티치로 꽃잎 3개를 수놓고 첫 번째 스티치의 고리 사이로 바늘을 넣어 마무리한다.

9 레이지 데이지 스티치로 꽃받침을 수놓아 마무리한다.

Pink

◇

사과꽃 / 매화

벚꽃 / 소국

#3

분홍색 꽃

사과꽃 ◇

4~5월에 피는 사과꽃은 '유혹'이라는 꽃말답게
실제로 보면 정말 예뻐요.
수놓는 동안 사과꽃의 매력에 빠져보세요.

도안 • PAGE 228

사용한 실	● 23　● 600　● 602　● 676　● 818　● 3011　● 3345　● 3346　● 3348
사용한 스티치	스플릿S, 새틴S, 프렌치 노트S, 아웃라인S, 레이지 데이지+스트레이트S2

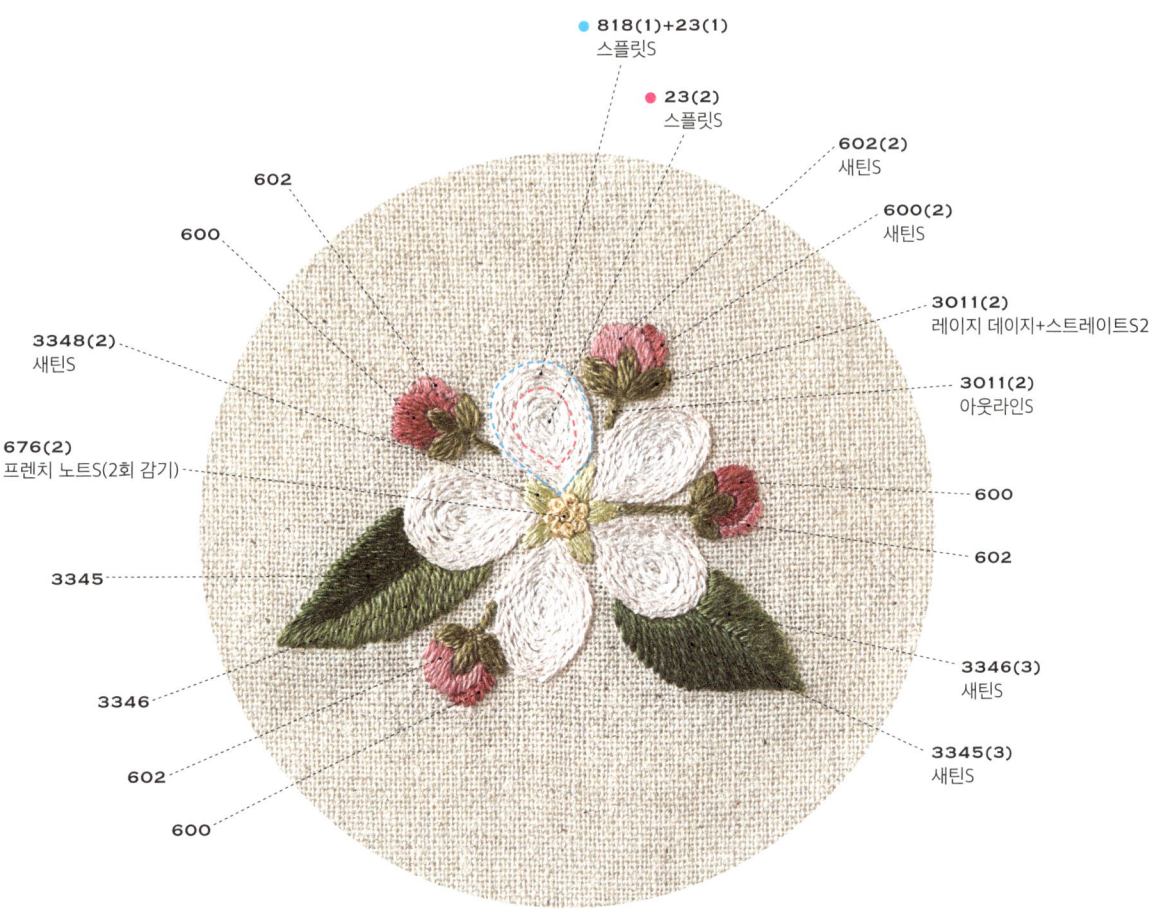

| 수놓는 방법 |

1 두 가지 색 실을 1가닥씩 합쳐 꽃잎의 바깥쪽부터 스플릿 스티치로 2줄 수놓는다.

TIP | 꽃잎 끝부분이 살짝 더 붉은 분홍색을 띄도록 실을 섞어 사용해 주세요.

2 23번 실 2가닥으로 꽃잎의 안쪽을 채운다.

3 꽃잎 안쪽에 연두색 꽃받침을 새틴 스티치로 수놓고 그 안에 프렌치 노트 스티치로 수술을 수놓는다. 바깥쪽 봉오리와 연결된 줄기를 아웃라인 스티치로 수놓은 후 꽃받침을 연결하여 수놓는다.

4 봉오리의 안쪽 경계 면을 잘 살피며 새틴 스티치로 수놓는다.

5 잎의 한쪽을 다시 반으로 나눠 중심부터 바깥쪽으로 수놓는다. 반대쪽도 같은 방법으로 수놓아 완성한다.

매화 ◇

추운 겨울을 이겨내고 가장 먼저 꽃을 피우는 봄의 전령사예요.
꽃잎의 앞모습과 옆모습을 섞어 단조로운 느낌을 보완했습니다.

도안 • PAGE 229

사용한 실	● 8 ● 676 819 ● 3712 ○ BLANC
사용한 스티치	스플릿S, 체인S, 새틴S, 프렌치 노트S, 스트레이트S

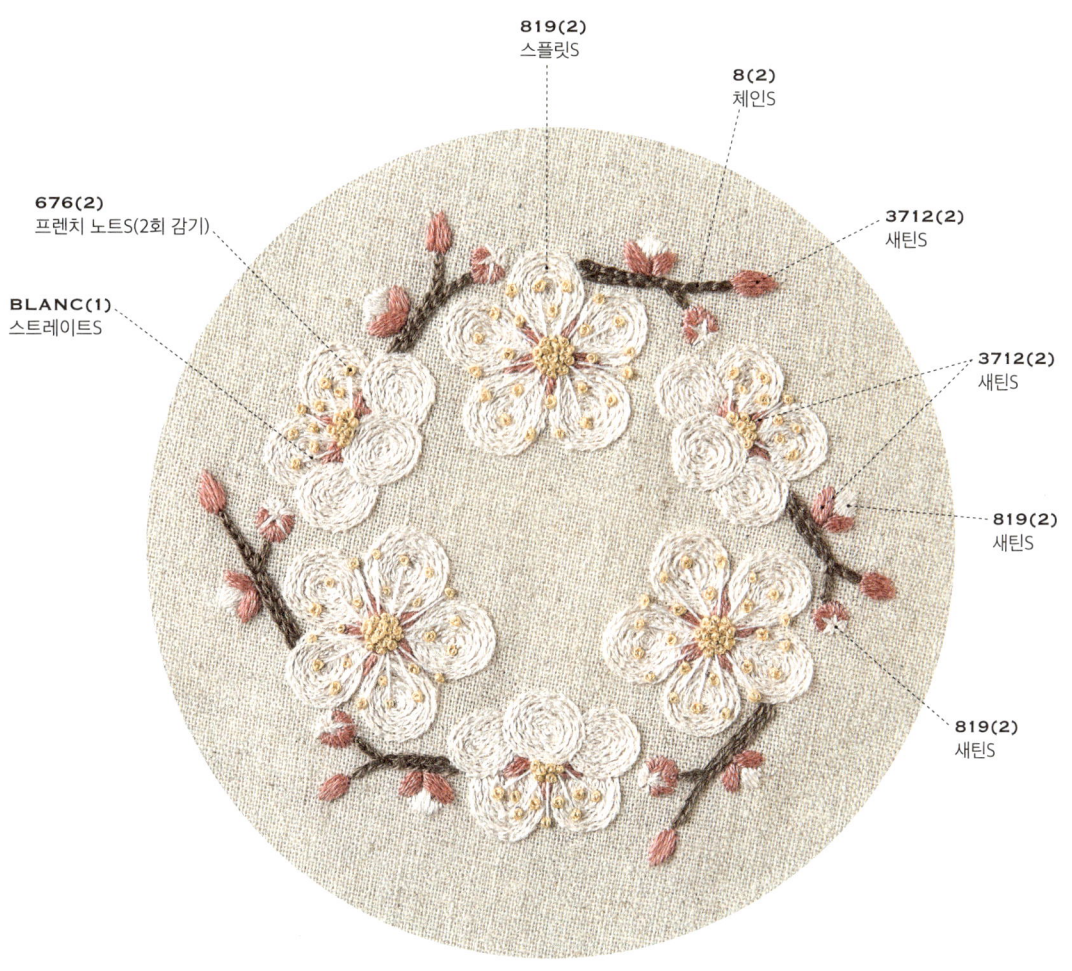

819(2)
스플릿S

8(2)
체인S

3712(2)
새틴S

676(2)
프렌치 노트S(2회 감기)

BLANC(1)
스트레이트S

3712(2)
새틴S

819(2)
새틴S

819(2)
새틴S

| 수놓는 방법 |

1 꽃잎은 스플릿 스티치로 바깥쪽에서 안쪽으로 수놓는다.

2 가지를 체인 스티치로 수놓는다. 빈틈이 생기지 않도록 꽃잎과 맞닿는 부분까지 촘촘하게 수놓는다.

3 꽃잎 안쪽, 꽃받침, 봉오리를 새틴 스티치로 수놓는다.

4 살짝 핀 봉오리는 새틴 스티치로 꽃받침 사이의 경계에 주의하며 수놓는다.

5 2회 감는 프렌치 노트 스티치로 수술을 수놓고, 스트레이트 스티치로 수술대를 표현한다.

벚꽃 ◇

'봄' 하면 가장 먼저 떠오르는 꽃입니다.
예쁘지만 너무 빨리 져버려서 항상 아쉬웠어요.
오래 보고 싶은 마음을 담아 한 땀씩 수놓아봅니다.

도안 • PAGE 230

사용한 실	● 372 ● 676 819 ● 840 ● 3712
사용한 스티치	아웃라인S, 새틴S, 레이지 데이지+스트레이트S2, 스트레이트S, 레이지 데이지S, 프렌치 노트S, 캐스트 온S2

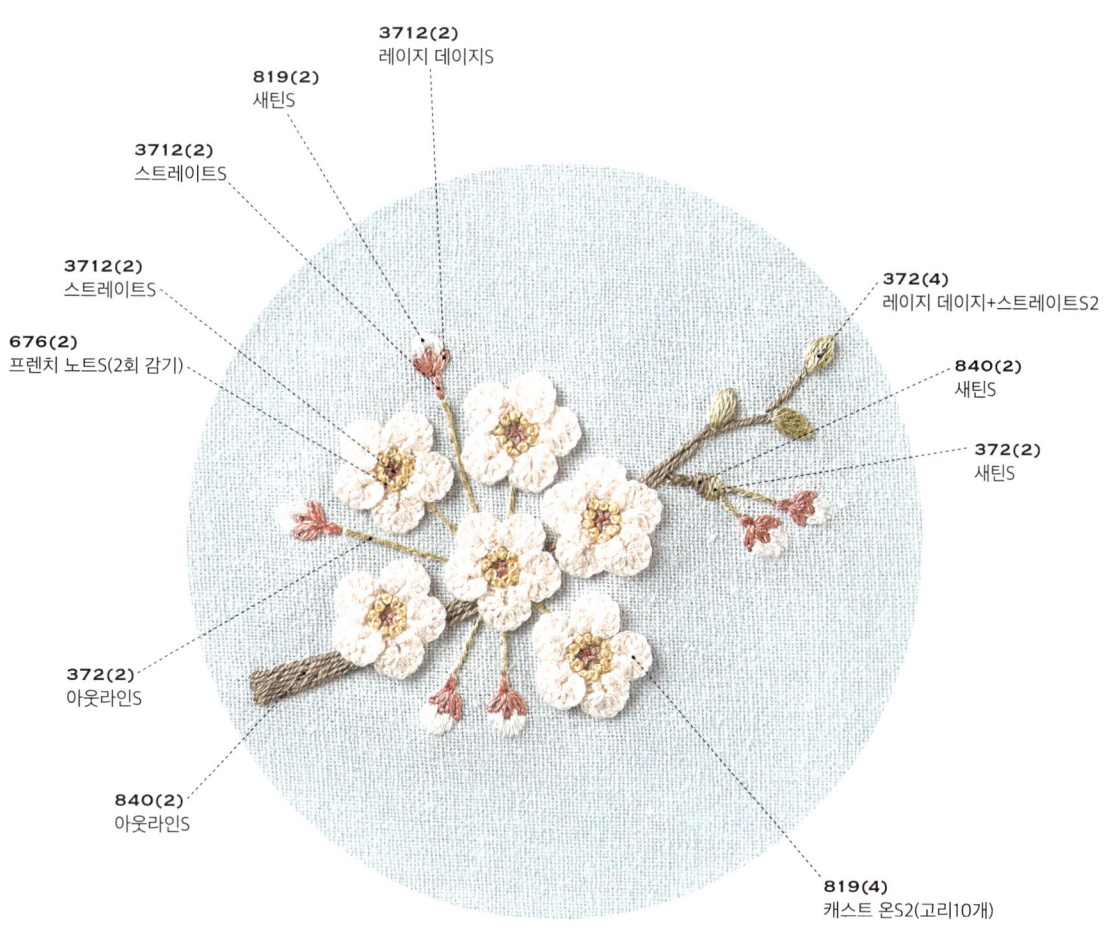

| 수놓는 방법 |

1 가지는 실의 꼬인 방향이 일정하게 아웃라인 스티치를 한 방향으로 수놓는다. 가지 끝에서 꽃대로 이어지는 부분은 새틴 스티치로 수놓는다.

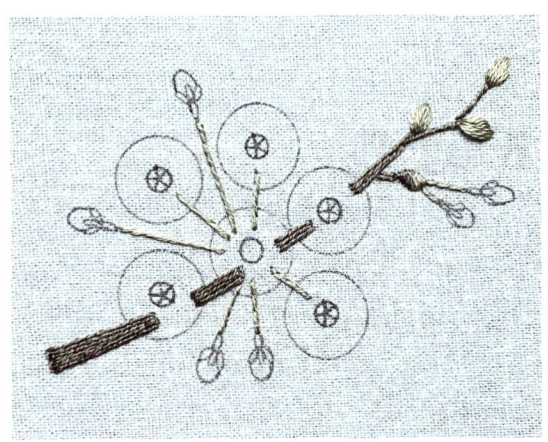

2 가운데서 뻗은 꽃대를 아웃라인 스티치로 수놓고, 봉오리는 가지와 빈틈없이 이어지도록 촘촘히 채운다.

3 꽃대에서 꽃받침으로 이어지는 부분은 스트레이트 스티치로 2줄씩 수놓는다. 꽃받침은 레이지 데이지 스티치로 수놓고 새틴 스티치로 봉오리의 둥근 모양을 살려 촘촘히 채운다.

4 꽃잎 안쪽에 스트레이트 스티치를 방사형으로 수놓고 주변에 2회 감은 프렌치 노트를 수놓는다. 꽃잎은 캐스트 온 스티치로 수놓아 완성한다.

소국 ◇

선선한 가을날 산책길에 만난 분홍색 소국이에요.
겹겹이 핀 작은 꽃잎을 로제트 체인 스티치로 표현했어요.

도안 • PAGE 230

사용한 실	◯ 23 ◯ 151 ● 895 ● 987 ● 3053 ● 3733
사용한 스티치	체인S, 아웃라인S, 로제트 체인S, 프렌치 노트S

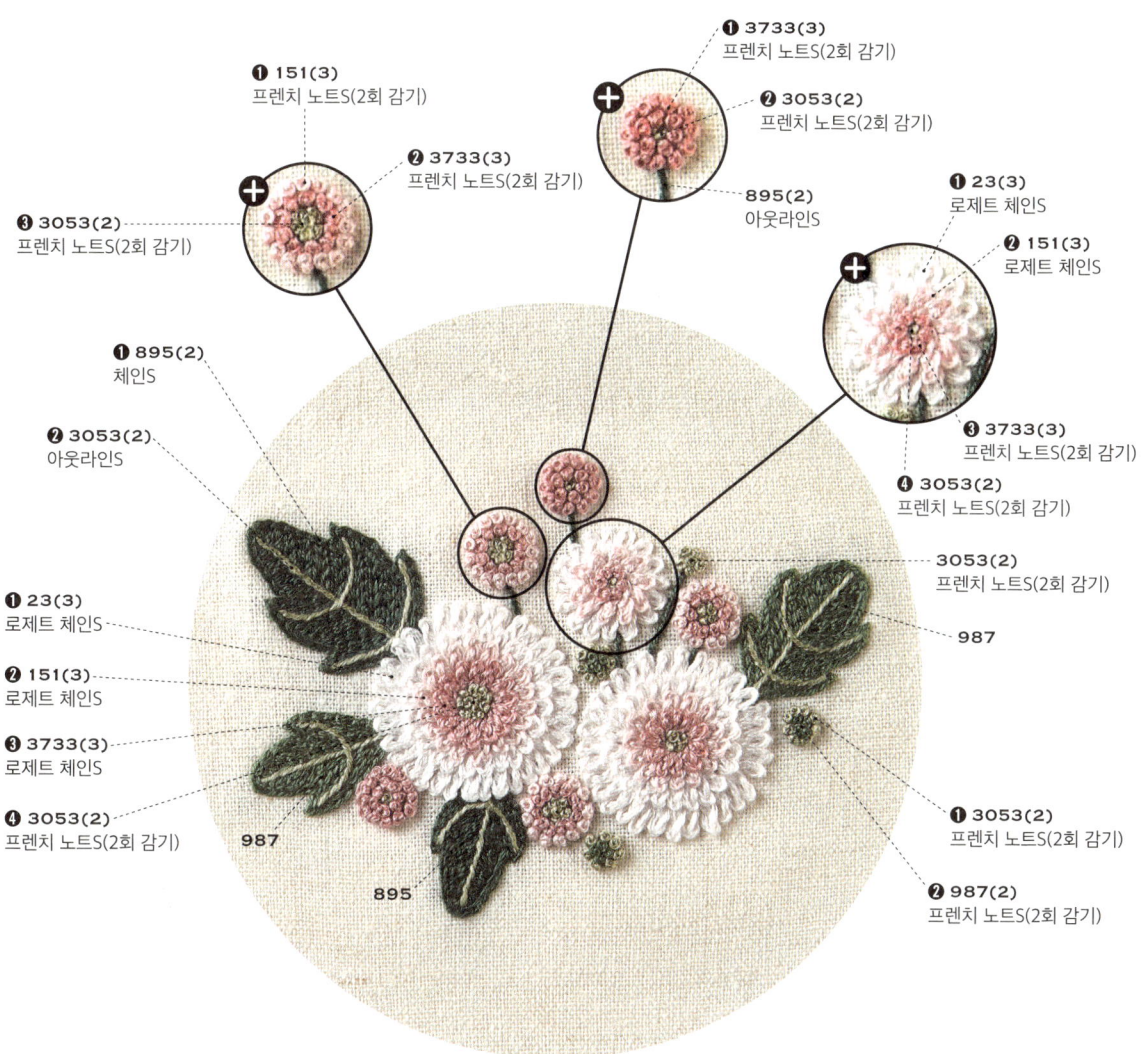

| 수놓는 방법 |

1 잎은 체인 스티치로 가장자리를 먼저 수놓고 안쪽을 반씩 나눠 잎맥 방향으로 나란히 수놓는다.

TIP | 잎맥 방향으로 미리 가이드 선을 그려놓으면 수놓기가 편해요.

2 잎 위에 색연필이나 수성펜으로 잎맥을 그리고 아웃라인 스티치로 수놓는다.

3 꽃잎은 로제트 체인 스티치로 바깥쪽부터 원형으로 수놓고 안쪽은 바깥쪽 스티치와 조금 겹치도록 수놓는다.

4 꽃잎이 겹겹이 그러데이션되도록 안쪽은 짙은 색으로 수놓는다.

5 꽃잎의 수술과 큰 꽃 주변에 있는 작은 봉오리는 2회 감는 프렌치 노트 스티치로 수놓는다.

6 꽃 사이사이에 보이는 줄기를 아웃라인 스티치로 수놓아 완성한다.

Red

◇

동백 / 채송화

꽃양귀비 / 카네이션

#4

빨간색 꽃

동백 ◇

붉은색 꽃잎과 초록색 잎이 대비되어 화려한 느낌이
물씬 나는 동백꽃입니다. 꽃잎과 잎은 실 색깔을
조금씩 바꿔가며 수놓아도 좋아요. 수술 부분은 비즈로
포인트를 주어 반짝거리는 느낌을 냅니다.

도안 • PAGE 231

사용한 실	동백	● 347 ● 349 ● 500 ● 520 ● 644 ● 3363 ● 3364 ○ 991B(애플톤 울사)
	카멜리아힐 동백	● 326 ● 347 ● 349 ● 500 ● 520 ● 601 ● 602 ● 644 ● 818 ● 3363 ● 3364 ● 3713 ○ 3865 ○ BLANC ○ 991B(애플톤 울사)
	기타 재료	● 2mm 육각비즈(옐로우)

사용한 스티치	동백	체인S, 새틴S, 비즈S, 아웃라인S
	카멜리아힐 동백	체인S, 새틴S, 비즈S, 아웃라인S

동백
- 347(2) 체인S
- 3363(2) 새틴S
- 500(2) 새틴S
- 349(2) 체인S
- 520(2) 새틴S
- 3364(2) 새틴S
- 644(2) 아웃라인S
- 991B(울) 새틴S
- 2mm 육각비즈(옐로우) 비즈S(가로)

카멜리아힐 동백
- Ⓐ 3364(2)
- Ⓑ 3363(2)
- Ⓒ 520(2)
- Ⓓ 500(2)

※ 사용한 스티치는 같습니다.

- 818(2)
- 3713(2)
- 347(2)
- 349(2)
- BLANC(2)
- 3865(2)
- 644(2) 아웃라인S
- 2mm 육각비즈(옐로우)
- 991B(울)
- BLANC(2)
- 326(2)
- 601(2)
- 602(2)

| 수놓는 방법 |

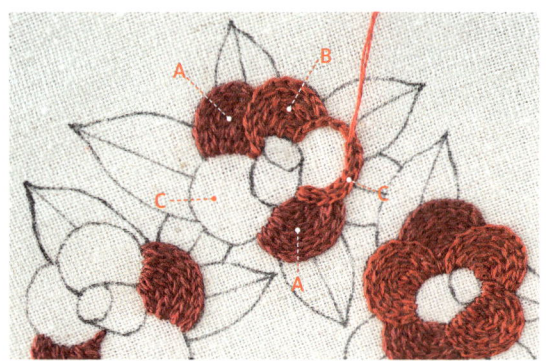

1 꽃잎은 뒤쪽에 위치한 꽃잎부터 한 장씩 A, B, C 순서대로 체인 스티치로 수놓는다.

2 꽃잎 안쪽에 있는 수술대를 새틴 스티치로 빈틈이 보이지 않게 촘촘히 수놓는다.

3 수술대 끝에 비즈 6개를 가로 방향으로 수놓고 가운데에 1개를 더 수놓아 꽃을 완성한다.

TIP | 비즈가 없다면 노란색 실 3가닥을 2번씩 감아 프렌치 노트 스티치로 도톰하게 수놓아도 좋아요.

4 잎은 잎맥을 중심으로 한쪽씩 수놓는다.

TIP | 같은 색깔의 잎을 미리 표시해두면 헷갈리지 않고 수놓을 수 있어요.

5 잎맥은 아웃라인 스티치로 가늘게 수놓는다.

| 도안 응용하기 : 카멜리아힐 동백 |

수를 놓는 방법은 동백 과정 1~5와 같습니다. 흰색과 빨간색이 섞인 동백꽃은 바깥쪽부터 흰색으로 2줄 수놓은 후 안쪽은 빨간색으로 수놓아주세요.

TIP | 실 색깔이 다양하기 때문에 도안을 잘 확인하며 수놓아주세요.

채송화 ◇

어렸을 땐 길에서 흔하게 볼 수 있었는데, 요즘은 쉽게 볼 수 없어 우연히 만나면 반가운 꽃이에요. 자세히 들여다보면 가운데 별 모양이 아주 예쁘답니다.

도안 • PAGE 232

사용한 실	● 304 ○ 746 ● 783 ● 3362 ● 3363 ● 3364 ● 3880
사용한 스티치	스플릿S, 새틴S, 스트레이트S, 프렌치 노트S

304(2)
스플릿S

746(2)
새틴S

3880(1)
스트레이트S

783(2)
프렌치 노트S(2회 감기)

3364(2)
새틴S

3362(2)
스플릿S

3363(2)
스플릿S

3880(2)
스플릿S

| 수놓는 방법 |

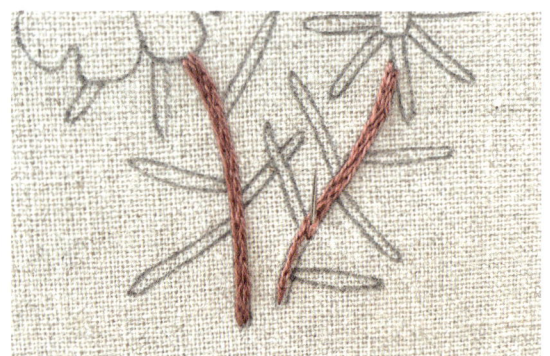

1 줄기를 스플릿 스티치로 수놓는다.

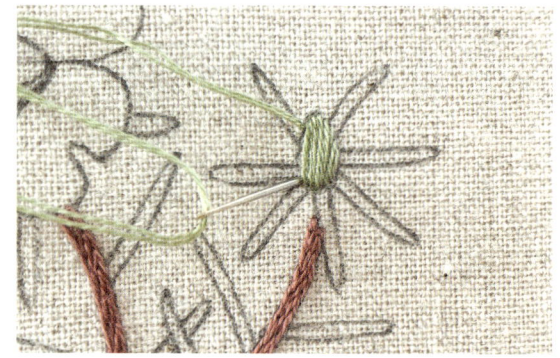

2 봉오리를 새틴 스티치로 가지런하게 수놓는다.

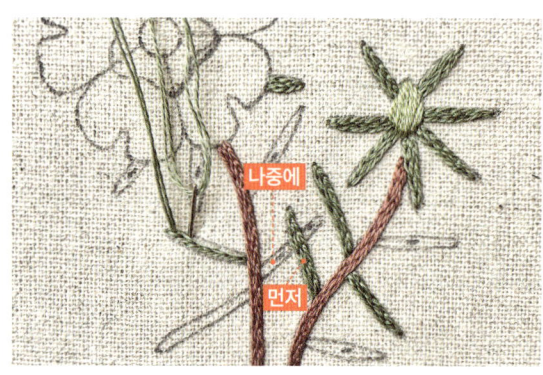

3 스플릿 스티치로 밝은색 잎을 먼저 수놓는다.

TIP | 컬러가 다른 부분은 미리 펜으로 표시해두면 헷갈리지 않게 수놓을 수 있어요.

4 나머지 잎을 수놓는다.

5 꽃잎에서 빨간색 부분의 테두리를 먼저 스플릿 스티치로 수놓고 안쪽을 촘촘하게 채운다.

6 꽃잎의 안쪽을 새틴 스티치로 채운다.

7 새틴 스티치 위에 펜으로 꽃술의 위치를 표시한다. 표시한 점에서 바늘을 빼 꽃의 중심 방향으로 넣는 스트레이트 스티치로 꽃술대를 수놓는다.

8 꽃술대의 끝부분과 꽃 중심의 꽃술을 프렌치 노트 스티치로 수놓는다.

9 채송화 완성.

꽃양귀비 ◇

따뜻한 바람이 부는 5~6월에 하천 주변에서 볼 수 있는 붉은 꽃입니다. 작은 꽃다발 모양으로 수놓고 꽃잎 가운데를 비즈로 장식해 특별한 느낌을 더해보세요.

도안 · PAGE 233

사용한 실	꽃양귀비	● 6 ● 349 ● 3346 ● 3347 ● 356(애플톤 울사)
	기타 재료	● 2mm 육각비즈(옐로우) ● 2mm 육각비즈(브론즈)

사용한 스티치	아웃라인S, 새틴S, 스미르나S3, 비즈S, 스트레이트S, 리본S

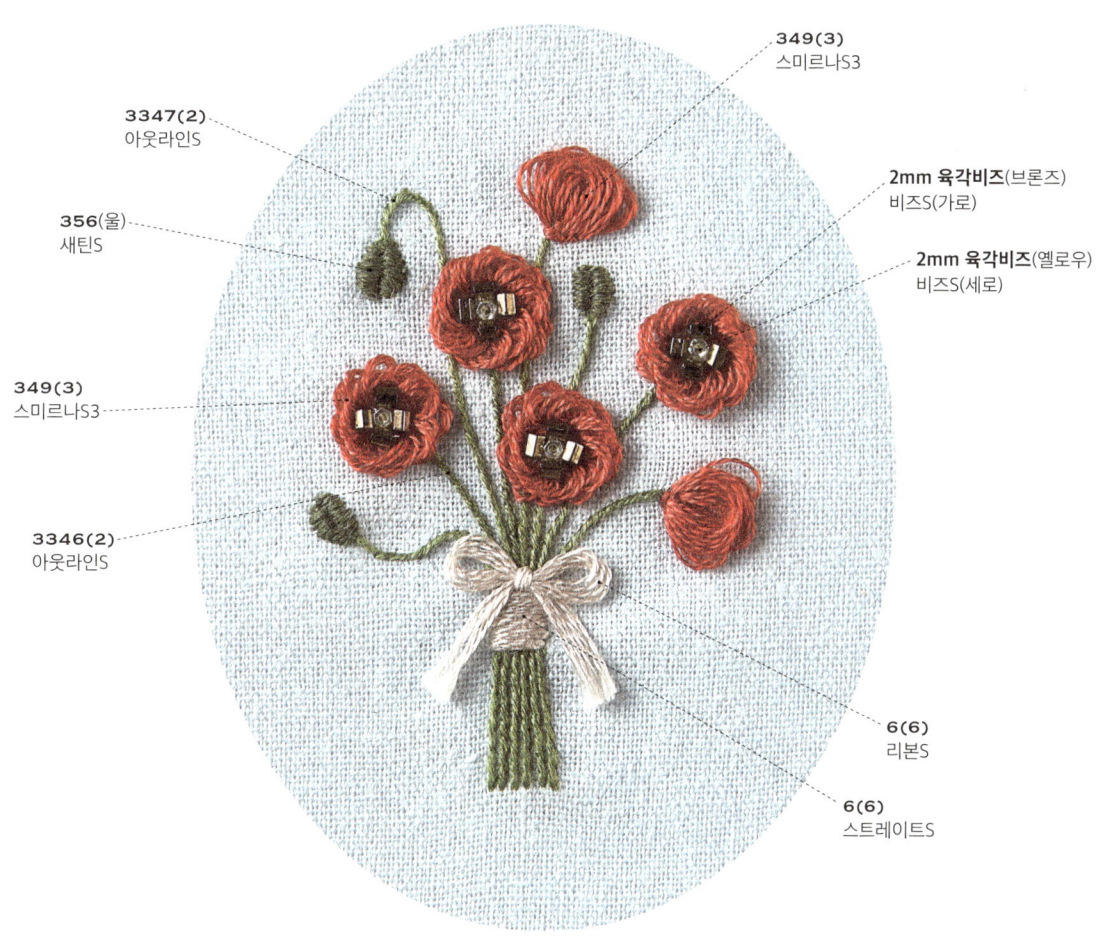

3347(2)
아웃라인S

356(울)
새틴S

349(3)
스미르나S3

3346(2)
아웃라인S

349(3)
스미르나S3

2mm 육각비즈(브론즈)
비즈S(가로)

2mm 육각비즈(옐로우)
비즈S(세로)

6(6)
리본S

6(6)
스트레이트S

| 수놓는 방법 |

1 먼저 봉오리와 연결된 줄기를 아웃라인 스티치로 수놓고, 봉오리는 새틴 스티치로 수놓는다.

2 꽃과 연결된 줄기를 아웃라인 스티치로 수놓고, 꽃은 스미르나 스티치로 풍성하게 수놓는다.

3 꽃잎 가운데에 비즈를 가로로 4개 수놓는다.

4 과정 3에 수놓은 비즈 사이에 노란색 비즈를 세로로 1개 수놓는다.

5 아래쪽 줄기에 스트레이트 스티치로 꽃다발 끈을 굵게 수놓고, 리본을 만들어 꽃다발을 완성한다.

카네이션 ◇

감사하는 마음을 담아 시들지 않는 카네이션을 선물해보세요.
완성한 자수를 액자에 끼우기만 하면 정성스러운 선물이 됩니다.

도안 • PAGE 233

사용한 실	○ 225 ● 347 ● 349 ● 350 ● 351 ● 520　819 ○ 3013 ● 3345 ● 3346 ● 3862 ● 3863　● E436(DMC 라이트 이펙트사)
사용한 스티치	바스켓S, 스템S, 새틴S, 레이지 데이지S, 아웃라인S, 백S, 스파이더 웹 로즈S, 레이지 데이지+스트레이트S2, 캐스트 온S1·S2, 우븐 피콧S, 스미르나S3, 프렌치 노트S, 스트레이트S, 리본S

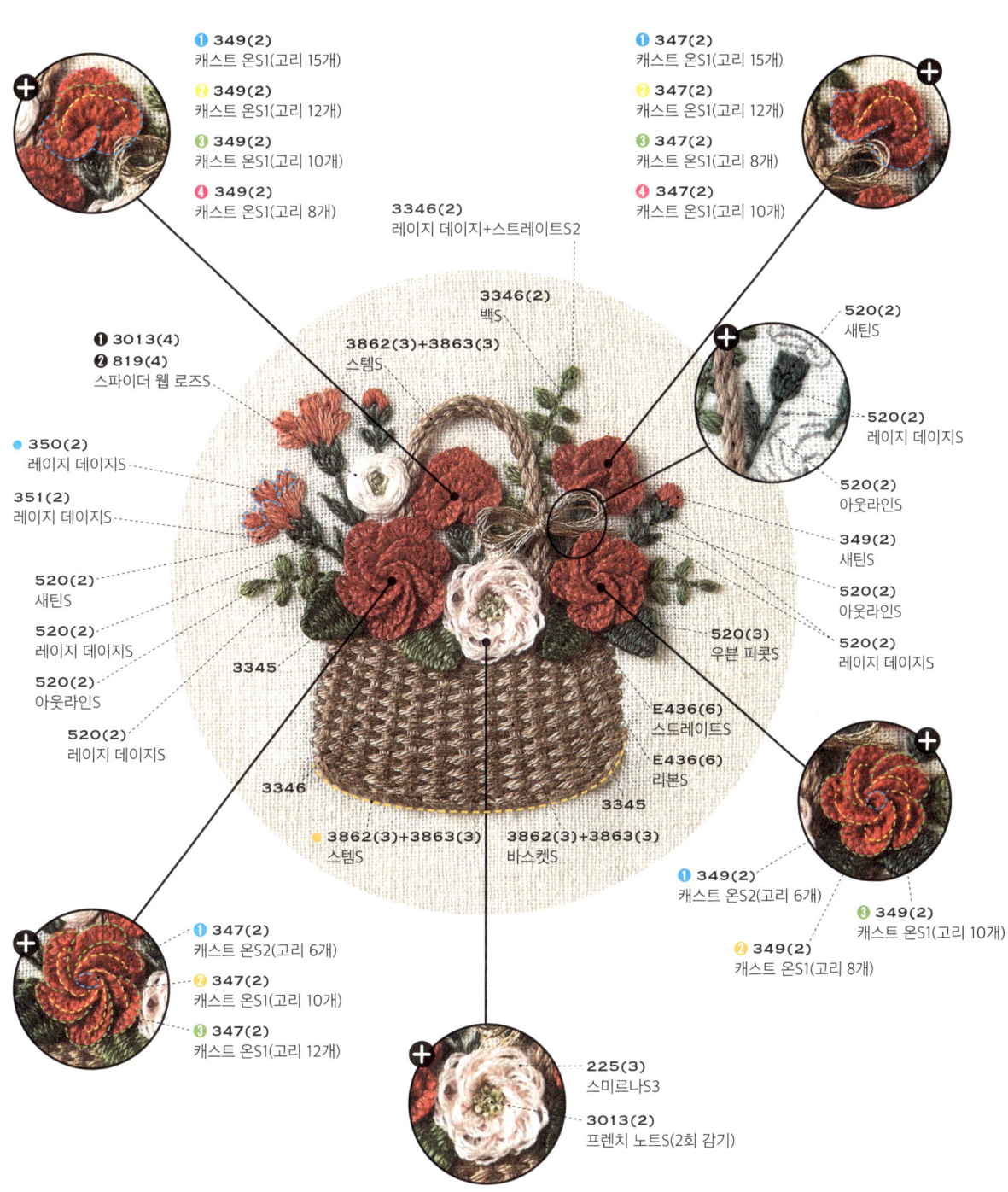

171

| 수놓는 방법 |

1 바구니는 위에서 아래로 지그재그로 내려가며 바스켓 스티치로 수놓고, 맨 밑부분과 손잡이는 스템 스티치로 수놓는다.

2 위쪽 잎과 줄기를 하나씩 도안대로 수놓는다. 줄기에 붙은 잎은 모양에 따라 스티치 길이를 조절한다.

3 새틴 스티치로 양쪽의 빨간 봉오리를 수놓고, 앞쪽에 놓인 장미를 스파이더 웹 로즈 스티치로 수놓는다. 뒤쪽의 카네이션은 도안에 맞춰서 레이지 데이지 스티치로 채운다.

4 바구니에 걸친 잎을 우븐 피콧 스티치로 수놓는다. 측면 모양의 카네이션은 점으로 파란색 바늘을 빼고 아래쪽 잎부터 한 장씩 수놓는다.

5 정면 모양의 카네이션은 캐스트 온 스티치 고리형으로 가운데를 수놓고(A), 첫 번째 줄을 수놓는다(B). 이어서 첫 번째 줄 사이로 바늘을 빼서 두 번째 줄을 수놓는다(C).

6 가운데 꽃은 스미르나 스티치 겹친 고리형으로 3줄 수놓고 안쪽을 프렌치 노트 스티치로 채운다.

7 바구니 손잡이에 스트레이트 스티치를 한 땀 수놓고, 그 사이에 실을 넣어 리본 스티치로 리본을 만든다.

8 카네이션 꽃바구니 완성.

White

◇

스노우드롭 / 토끼풀

백합 / 왁스플라워

#5

흰색 꽃

스노우드롭 ◇

1월 1일의 탄생화로 꽃말은 '희망'이랍니다.
청초한 아름다움도 느껴지지만 추위를 이겨내고 눈 속에서도
피어나는 강인한 생명력 때문에 더욱 매력적인 꽃이에요.

도안 • PAGE 234

사용한 실	● 319 ● 520 ● 3013 ● 3362 ● 3363 ● 3364 ● 3866 ○ BLANC ○ 991B(애플톤 울사)
사용한 스티치	스템S, 스플릿S, 새틴S, 스미르나S1, 백S

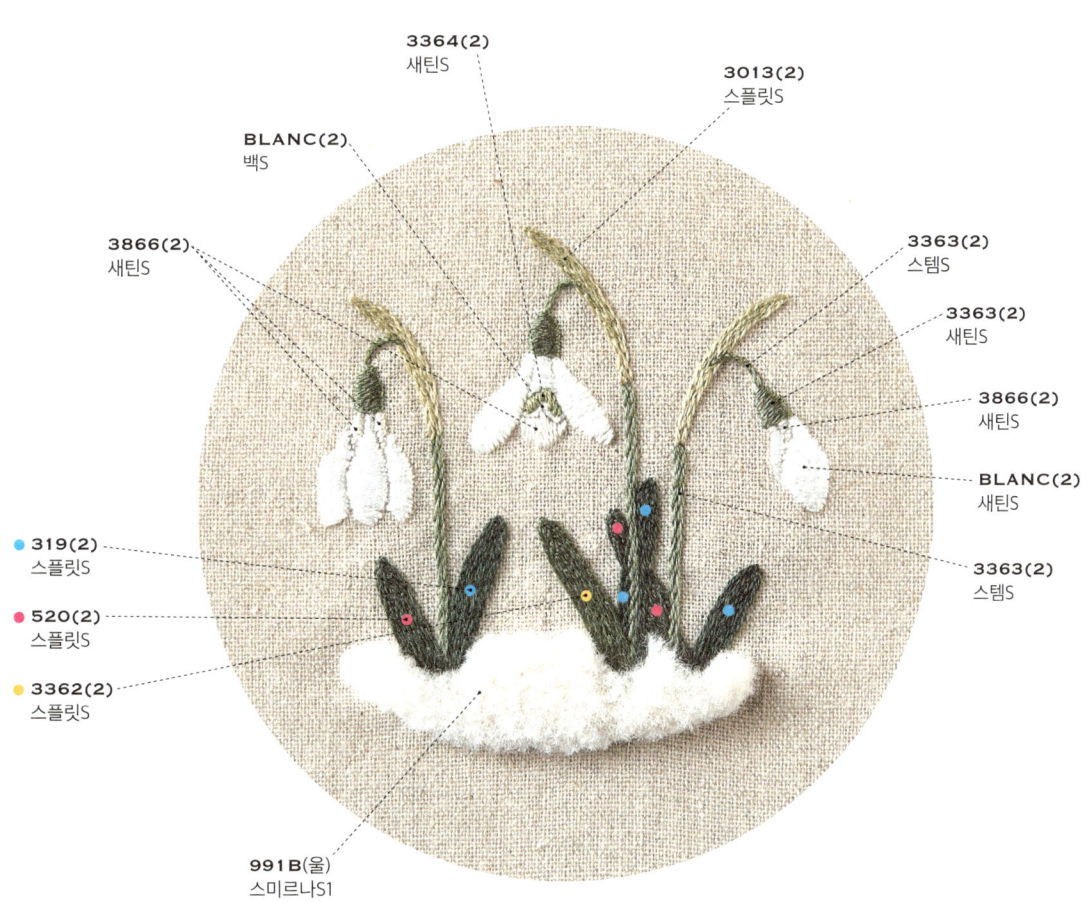

| 수놓는 방법 |

1 꽃대의 아랫부분은 스템 스티치로 수놓고, 윗부분은 스플릿 스티치로 수놓는다.

2 종 모양의 꽃받침을 새틴 스티치로 꼼꼼하게 수놓고, 곡선으로 늘어진 꽃자루는 스템 스티치로 수놓는다.

TIP | 곡선 부분은 한 땀을 1~2mm 정도로 매우 촘촘히 수놓아야 자연스러워요.

3 흰색 꽃잎은 새틴 스티치로 넓은 면에서 좁은 면 순으로 수놓는다. 흰색 꽃잎과 연두색 꽃잎의 경계 부분을 백 스티치로 표현한다.

TIP | 꽃잎의 결을 잘 맞춰 수놓아주세요.

4 잎은 길쭉한 모양을 살려 스플릿 스티치로 수놓는다.

TIP | 잎이 겹쳐 있을 경우 앞에 있는 잎을 먼저 수놓아주세요.

5 눈이 소복하게 쌓인 느낌을 표현하기 위해 991B 실을 2겹으로 사용한다.

6 실 매듭을 짓지 않은 상태에서 스미르나 스티치로 촘촘하게 수놓는다.

TIP | 스티치 고리의 길이를 5~8mm 정도로 잡아 너무 길지 않게 수놓아주세요.

7 도안을 다 채운 뒤 고리를 자르고 길이를 다듬어서 완성한다.

토끼풀 ◇

공원 잔디밭이나 산책로에서 쉽게 볼 수 있는 친숙한 꽃이에요.
토끼풀로 화관을 만들었던 추억을 담아 표현했습니다.

도안 · PAGE 235

사용한 실	●890 ●934 ●986 ●987 ●3053 ○3866 ○BLANC
사용한 스티치	새틴S, 백S, 스트레이트S, 피시본S, 스템S, 드리즐S

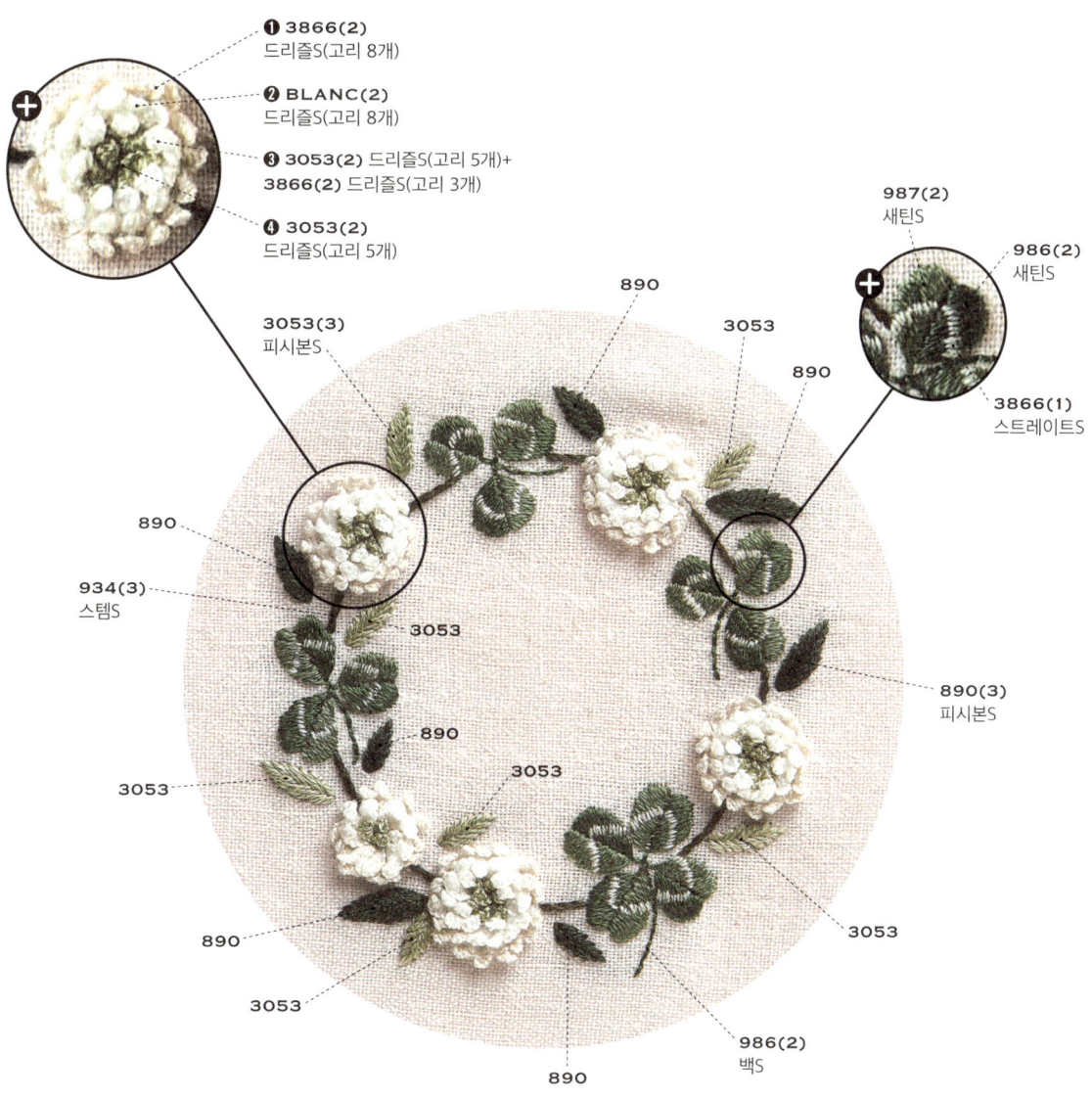

❶ 3866(2) 드리즐S(고리 8개)
❷ BLANC(2) 드리즐S(고리 8개)
❸ 3053(2) 드리즐S(고리 5개) + 3866(2) 드리즐S(고리 3개)
❹ 3053(2) 드리즐S(고리 5개)

3053(3) 피시본S
890
3053
890
987(2) 새틴S
986(2) 새틴S
3866(1) 스트레이트S
890
934(3) 스템S
3053
890
3053
890(3) 피시본S
3053
890
3053
3053
986(2) 백S
890

| 수놓는 방법 |

1 잎을 반으로 나눠 같은 색끼리 먼저 새틴 스티치로 수놓는다.

2 다른 색으로 잎의 반대쪽도 수놓고, 줄기를 백 스티치로 수놓는다.

3 열펜으로 잎 위에 무늬를 그리고, 그린 선을 따라 새틴 스티치와 같은 방향으로 짧은 스트레이트 스티치를 수놓는다.

TIP | 무늬를 수놓을 때 실을 너무 세게 당기면 새틴 스티치 사이로 땀이 들어갈 수 있으니 힘 조절에 신경 써주세요.

4 잎은 피시본 스티치로 수놓고, 굵은 줄기는 스템 스티치로 곡선 모양을 살려 수놓는다.

5 꽃잎은 드리즐 스티치로 바깥쪽부터 한 줄씩 수놓는다. 첫 번째 줄은 도안을 따라 수놓고 두 번째 줄은 첫 번째 줄에 바짝 붙여 촘촘하게 수놓는다.

6 세 번째 줄에는 드리즐 스티치를 2단으로 수놓는다. 먼저 3053번 실로 고리 5개씩 수놓는다.

7 과정 6에서 놓은 스티치의 고리 사이로 다시 바늘을 넣어 3866번 실을 빼고 고리 3개씩 추가로 수놓는다.

8 연두색 위에 흰색이 올라간 2단 드리즐 스티치가 완성된다.

9 꽃의 정중앙은 3053번 실로 고리 5개의 드리즐 스티치를 수놓아 채운다.

백합 ◇

보기만 해도 진한 향기가 느껴지는 백합을 수놓아보세요.
입체 스티치를 활용해 꽃을 풍성하게
표현하는 것이 포인트입니다.

도안 • PAGE 236

사용한 실	○ 10 ● 221 ● 520 ○ 772 ● 841 ● 3363 ○ 3866 ○ BLANC
사용한 스티치	체인S, 스플릿S, 백S, 우븐 피콧S, 드리즐S, 아웃라인S

- 772(2) 백S
- 10(2) 스플릿S
- 3363(2) 아웃라인S
- 520(4) 우븐 피콧S
- 3363(4) 우븐 피콧S
- 10(1) + 772(1) 드리즐S(고리 5개) + 221(2) 드리즐S(고리 3개)
- 10(1)+772(1) 드리즐S(고리 6개)
- BLANC(4) 우븐 피콧S
- 3866(2) 체인S
- 841(2) 체인S

| 수놓는 방법 |

1 꽃병은 바깥쪽부터 체인 스티치로 수놓는다. 흰 부분은 원형으로, 갈색 부분은 지그재그로 채우면 수월하다.

2 봉오리는 뾰족한 모양을 살려 스플릿 스티치로 수놓고 백 스티치로 경계를 수놓는다. 줄기를 아웃라인 스티치로 이어 수놓는다.

3 꽃잎은 우븐 피콧 스티치로 안쪽 잎 3개를 먼저 수놓는다. 바깥쪽 잎은 안쪽 잎을 살짝 젖힌 상태로 사이사이에 3개씩 수놓는다.

4 2단 드리즐 스티치로 수술 6개를 원형으로 수놓고, 가운데에 있는 암술을 드리즐 스티치로 수놓는다.

5 꽃잎 사이사이에 있는 잎을 우븐 피콧 스티치로 수놓아 완성한다.

TIP | 꽃잎을 젖혀 손으로 누른 후 잎을 수놓아주세요. 이때, 바늘에 꽃잎이 걸리지 않도록 신경 써주세요.

왁스플라워 ◇

꽃잎에서 은은한 윤기와 매끈한 질감이 느껴져서 왁스플라워라는 이름이 붙었어요. 올망졸망 핀 꽃잎이 아주 귀엽죠?
꽃이 시들어 아쉬운 마음을 자수를 놓으며 달래봅니다.

도안 • PAGE 237

사용한 실	● 471 ● 734 ○ 746 ● 840 ● 841 ● 3362 ● 3363 ● 3778 ○ 3865
사용한 스티치	스플릿S, 아웃라인S, 새틴S, 프렌치 노트S, 캐스트 온S2

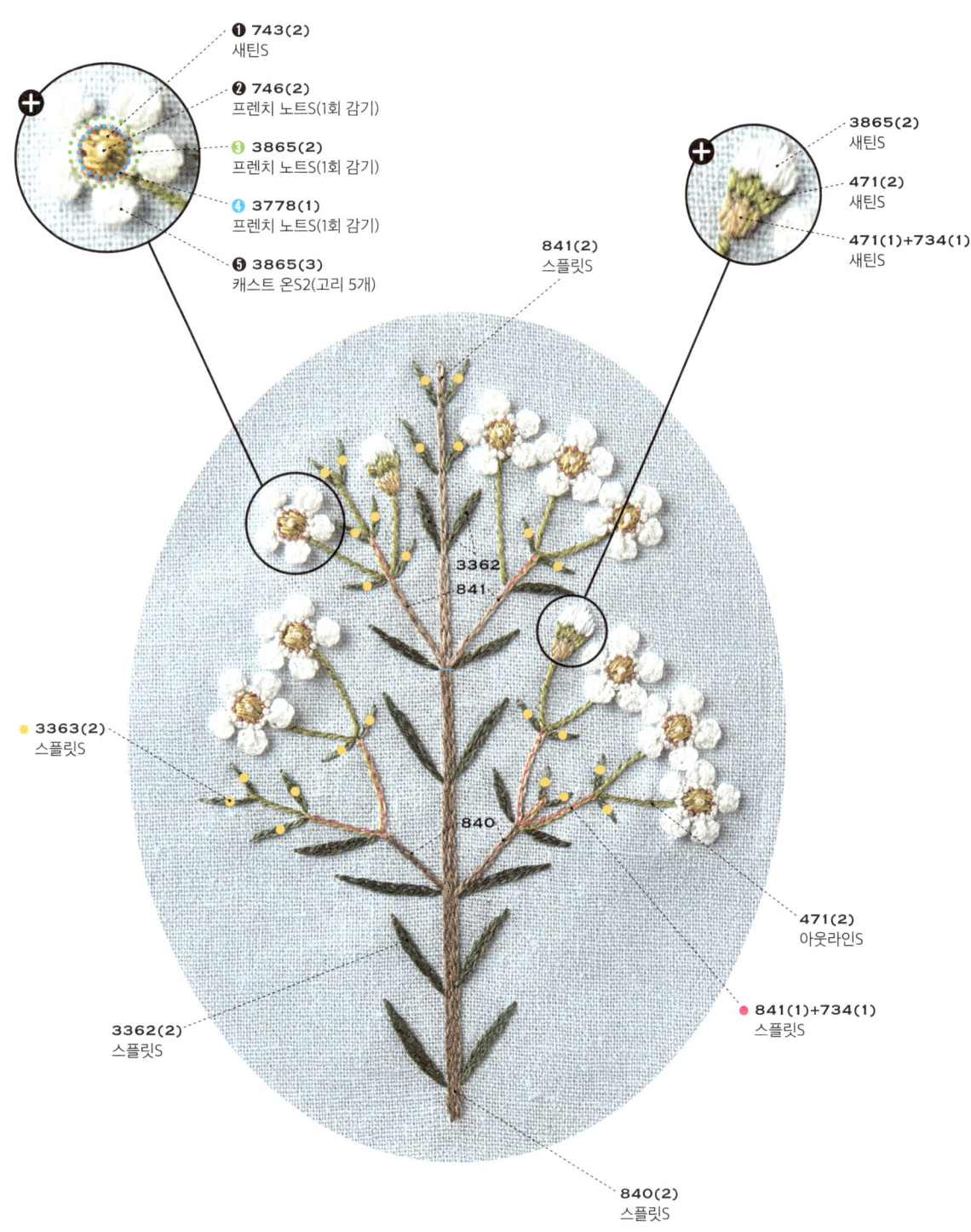

❶ 743(2)
새틴S

❷ 746(2)
프렌치 노트S(1회 감기)

❸ 3865(2)
프렌치 노트S(1회 감기)

❹ 3778(1)
프렌치 노트S(1회 감기)

❺ 3865(3)
캐스트 온S2(고리 5개)

3865(2)
새틴S

471(2)
새틴S

471(1)+734(1)
새틴S

841(2)
스플릿S

3362
841

3363(2)
스플릿S

840

471(2)
아웃라인S

841(1)+734(1)
스플릿S

3362(2)
스플릿S

840(2)
스플릿S

| 수놓는 방법 |

1 가운데 굵은 가지와 잔 가지는 스플릿 스티치로 아래에서 위로 수놓는다. 꽃과 연결되는 줄기는 아웃라인 스티치로, 잎은 스플릿 스티치로 뾰족한 모양을 살려 수놓는다.

TIP | 가지 색깔이 바뀌는 부분은 반 땀이 아닌 한 땀 앞으로 넣은 상태에서 마무리해주세요.

2 새틴 스티치로 봉오리를 수놓는다. 경계 부분에 빈틈이 없도록 촘촘하게 채운다.

3 꽃의 중심 부분을 새틴 스티치로 수놓고, 정가운데를 1회 감는 프렌치 노트 스티치로 수놓는다.

TIP | 프렌치 노트 스티치를 수놓을 때 실을 너무 세게 당기면 스티치가 빠질 수 있습니다. 아래 수놓은 새틴 스티치 위에 얹듯이 살살 당겨주세요.

4 과정 3에서 수놓은 새틴 스티치에 바짝 붙여 프렌치 노트 스티치를 촘촘하게 1줄 수놓는다.

5 과정 3에서 수놓은 새틴 스티치와 과정 4에서 수놓은 프렌치 노트 스티치 사이에 일정한 간격으로 작은 프렌치 노트 스티치를 수놓는다.

TIP | 먼저 수놓은 흰색 프렌치 노트 스티치 2개 당 1개의 붉은 프렌치 노트 스티치를 수놓으면 예뻐요.

6 열펜으로 꽃잎의 위치를 표시하고 캐스트 온 스티치로 수놓는다.

7 왁스플라워 완성.

Special Color

◇

네 가지 화분 / 가을 꽃수레

핼러윈 호박 / 크리스마스 꽃다발

#6

특별한 색상 조합

네 가지 화분 ◇

모양도 색깔도 다른 네 가지 꽃을 하얀 화분에 수놓은
귀여운 자수입니다. 마음에 드는 꽃을 색깔만 바꿔
파우치 같은 소품에도 수놓아보세요.

도안 • PAGE 238

사용한 실	네 가지 화분	● 156 ● 451 ● 600 ● 779 ● 792 ● 890 ● 895 ● 986 ● 987 ● 3011 ● 3779 ● 3807 ● 3852 ● 3866
	히야신스 화분	● 600 ● 677 ● 779 ● 823 ● 834 ● 986 ● 987 ● 3012 ● 3790 ● 3807 ● 3893

사용한 스티치	네 가지 화분	바스켓S, 스템S, 링S, 스플릿S, 스트레이트S, 레이지 데이지S, 프렌치 노트S, 아웃라인S, 블랭킷S, 새틴S, 휘프드 링S
	히야신스 화분	바스켓S, 스템S, 스플릿S, 스트레이트S, 레이지 데이지S, 프렌치 노트S, 아웃라인S

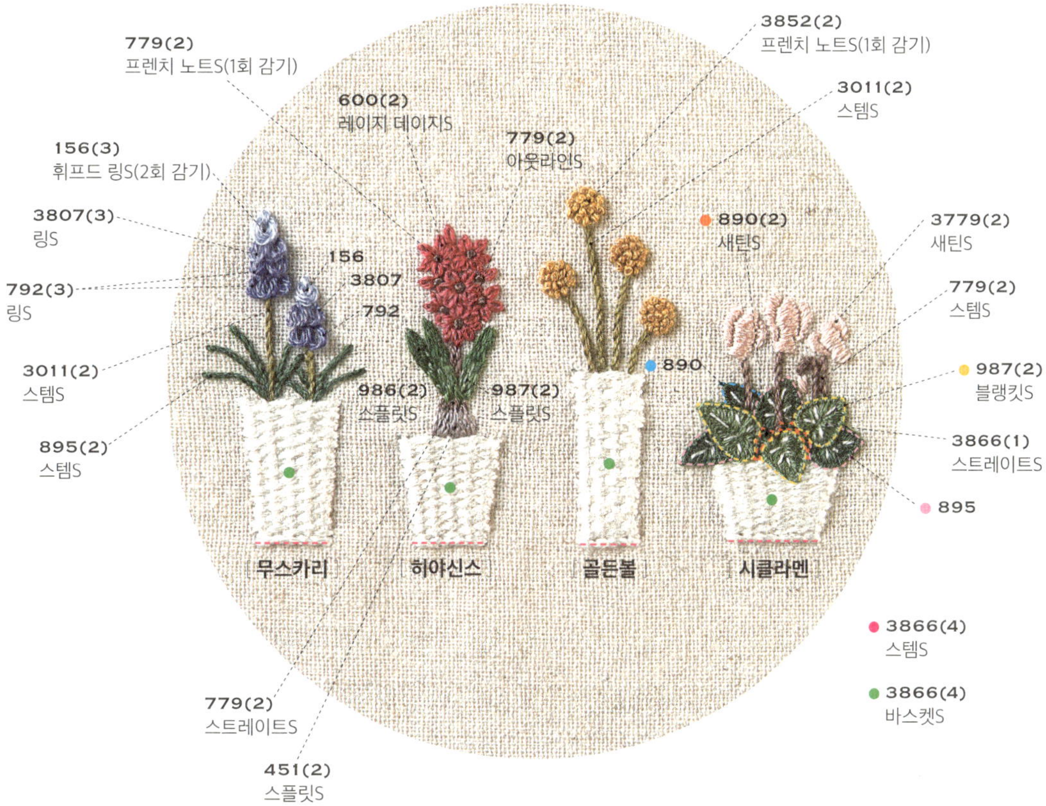

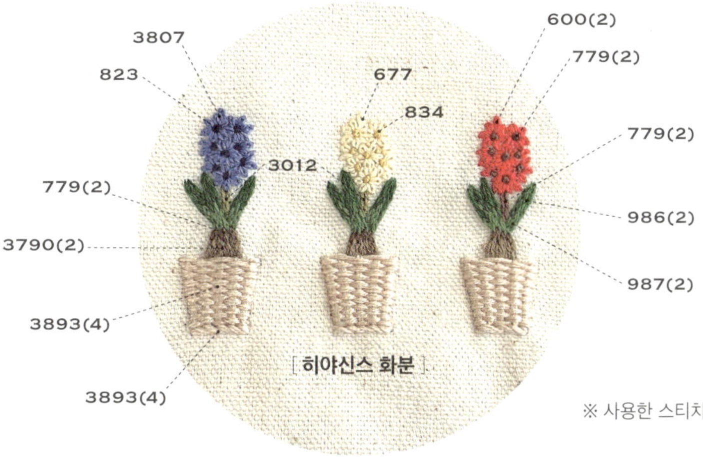

※ 사용한 스티치는 같습니다.

| 수놓는 방법 |

1 바스켓 스티치로 아래에서 위로 수놓는다. 골든볼 화분은 2줄씩 번갈아가며 수놓아 다른 질감으로 표현한다.

TIP 실을 한 방향으로 통과시키면 도톰한 느낌이 나요.

2 바스켓 스티치 바로 아래 붙여서 스템 스티치를 수놓는다.

3 무스카리의 잎과 줄기를 스템 스티치로 촘촘하게 수놓는다. 꽃잎은 아래부터 링 스티치로 수놓고, 가장 위쪽 잎은 2회 감는 휘프드 링 스티치로 수놓는다.

4 히야신스 잎은 스플릿 스티치로 두 가지 색이 자연스럽게 연결되도록 수놓는다.

5 아래쪽 뿌리를 스플릿 스티치로 수놓고, 잎과 연결되는 부분은 스트레이트 스티치로 질감을 표현한다. 꽃과 줄기를 도안대로 수놓는다.

6 골든볼의 줄기를 스템 스티치로 곡선 모양을 살려 수놓는다. 꽃은 프렌치 노트 스티치로 가장자리부터 원형으로 수놓은 다음 안쪽을 채운다.

7 시클라멘의 잎을 블랭킷 스티치로 촘촘히 수놓는다. 잎 사이사이의 빈 부분을 새틴 스티치로 채우고, 잎 무늬를 스트레이트 스티치로 수놓는다.

8 시클라멘의 꽃을 새틴 스티치로, 줄기를 스템 스티치로 수놓는다.

TIP | 줄기와 잎이 겹치는 부분은 열펜으로 선을 미리 그려놓으면 편해요.

| 도안 응용하기 : 히야신스 화분 |

네 가지 화분 과정 4~5를 참고해보세요. 화분은 바스켓 스티치로 아래에서 위로 수놓고 맨 아랫부분은 스템 스티치로 마무리합니다. 잎과 뿌리는 두 가지 색으로 그러데이션 되도록 수놓고, 줄기와 꽃잎을 차례대로 수놓아주세요.

TIP | 반제품에 수를 놓는 방법은 29쪽을 참고하세요.

가을 꽃수레 ◇

가을 단풍이 떠오르는 울긋불긋한 색깔들로
꽃수레를 수놓았습니다. 같은 스티치로도 다양한 모양의
꽃잎 느낌을 낼 수 있어요.

도안 • PAGE 238

사용한 실	가을 꽃수레	● 154 ● 437 ● 610 ● 738 ● 739 ● 816 ● 920 ● 921 ● 922 ● 3011
		● 3031 ● 3853 ● 3857 ● 3862
	봄날 꽃수레	● 33 ● 210 ● 754 ● 819 ● 839 ● 987 ● 3031 ● 3347 ● 3348 ● 3854
		● 3863 ○ BLANC

사용한 스티치	백S, 바스켓S, 블랭킷 링S, 스템S, 새틴S, 아웃라인S, 레이지 데이지+스트레이트S2, 블리온S1·S2, 프렌치 노트S

가을 꽃수레
- 610(2) 프렌치 노트S(2회 감기)
- 437(3) 블리온S2(10회 감기)
- 3857(2) 새틴S
- 154(3) 블리온S1(6회 감기)
- 3857(2) 백S
- 3011
- 738(3) 블리온S2(10회 감기)
- 610(2) 아웃라인S
- 610(2) 프렌치 노트S(2회 감기)
- 3853(3) 블리온S1(15회 감기)
- 3011(2) 스템S
- 3011
- 3011(2) 레이지 데이지+스트레이트S2
- 610(2) 프렌치 노트S(2회 감기)
- 816(3) 블리온S1(15회 감기)
- 3862(1) 백S
- 738(2) 프렌치 노트S(2회 감기)
- 920(3) 블리온S1(6회 감기)
- 739(3) 블리온S2(15회 감기)
- 921(3) 블리온S1(15회 감기)
- 610(2) 프렌치 노트S(2회 감기)
- 922(3) 블리온S1(15회 감기)
- 3862(4) 바스켓S
- 3031(2) 백S
- 3031(2) 블랭킷 링S
- 3031(2) 스템S

봄날 꽃수레
- 3347(2)
- 210(3)
- 3348(2)
- 3854(3)
- 987(2)
- 987(2)
- 819(3)
- 33(3)
- 3348(2)
- 210(2)
- 754(3)
- 3347(2)
- 3348(2)
- 3347(2)
- 3347(2)
- 754(3)
- 33(3)
- 819(3)
- 210(2)
- BLANC(3)
- 3031(2)
- 3863(4)
- 839(3)
- 3863(1)

※ 사용한 스티치는 같습니다.

| 수놓는 방법 |

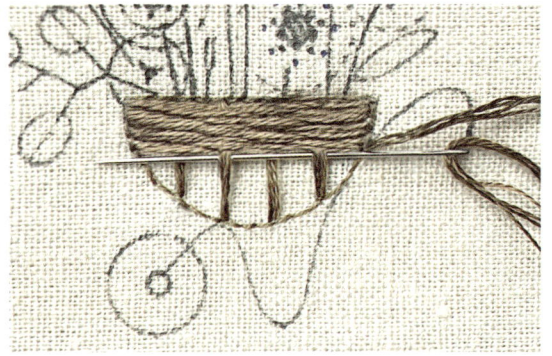

1 수레의 가장자리는 백 스티치로 수놓고 안쪽은 바스켓 스티치로 수놓는다.

TIP | 반달 모양의 수레는 위쪽부터 시작하면 면적을 채우기가 훨씬 수월해요.

2 바퀴는 블랭킷 링 스티치로 수놓고 안쪽 작은 원은 백 스티치로 수놓는다. 바퀴와 연결된 손잡이는 스템 스티치로 곡선 모양을 살려 수놓는다.

3 가지는 백 스티치로 얇게 수놓고, 잎은 새틴 스티치로 둥근 모양을 살려 수놓는다.

4 봉오리의 줄기는 아웃라인 스티치로, 꽃의 줄기는 스템 스티치로 촘촘히 수놓는다. 잎은 뾰족한 모양을 살려 수놓고, 봉오리는 블리온 스티치로 나란히 수놓는다.

5 노란색 계열의 꽃은 꽃잎 개수에 맞춰 블리온 스티치 고리형으로 수놓고, 가운데에 프렌치 노트 스티치로 수술을 수놓는다.

6 빨간색과 연한 주황색 꽃은 블리온 스티치 연결형으로 수놓고, 가운데에 프렌치 노트 스티치로 수술을 수놓는다.

7 짙은 주황색 꽃은 안쪽부터 블리온 스티치를 나란히 수놓는다. 안쪽 스티치를 감싸듯이 한 줄씩 연결하며 바깥쪽도 수놓는다.

TIP | 꽃잎을 일정한 간격으로 수놓기 위해 2번째 줄을 8칸으로 나눕니다. 맨 위 꼭짓점(A)으로 바늘을 빼고 오른쪽 방향(B)로 넣어 블리온 스티치를 이어나가세요.

8 가을 꽃수레 완성.

| 도안 응용하기 : 봄날 꽃수레 |

수를 놓는 방법은 가을 꽃수레 과정 1~8과 같아요.

TIP | 전체 컬러를 모두 같은 톤(명도+채도)으로 하면 포인트가 없어 밋밋해 보일 수 있어요. 톤의 강약을 살려서 큰 면적에 명도가 높고 채도가 낮은 밝은 컬러를 배치하고, 사이사이 중간 명도의 채도가 높은 컬러를 배치해서 변화를 주면 단조롭지 않은 작품을 만들 수 있답니다. 하지만 취향에 따라서 전체를 비슷한 톤으로 은은한 색감을 만들어볼 수도 있어요.

핼러윈 호박 ◇

핼러윈 호박을 화병으로 삼아 꽃꽂이를 한 듯 풍성한 모양으로 수놓아보세요. 입체 스티치를 적절하게 섞으면 화려한 꽃자수를 완성할 수 있습니다.

도안 • PAGE 239

사용한 실	●22 ●29 ●154 ●610 ●437 ●738 ●739 ●816 ●902 ●920 ●921 ●922 ●935 ●3011 ●3031 ●3781 ●3853 ●3857
사용한 스티치	스플릿S, 체인S, 스미르나S2・S3, 프렌치 노트S, 드리즐S, 새틴S, 캐스트 온S2, 아웃라인S, 백S, 레이지 데이지S, 레이지 데이지+스트레이트S1, 피시본S, 플라이 리프S, 스트레이트S, 우븐 피콧S, 스파이더 웹 로즈S

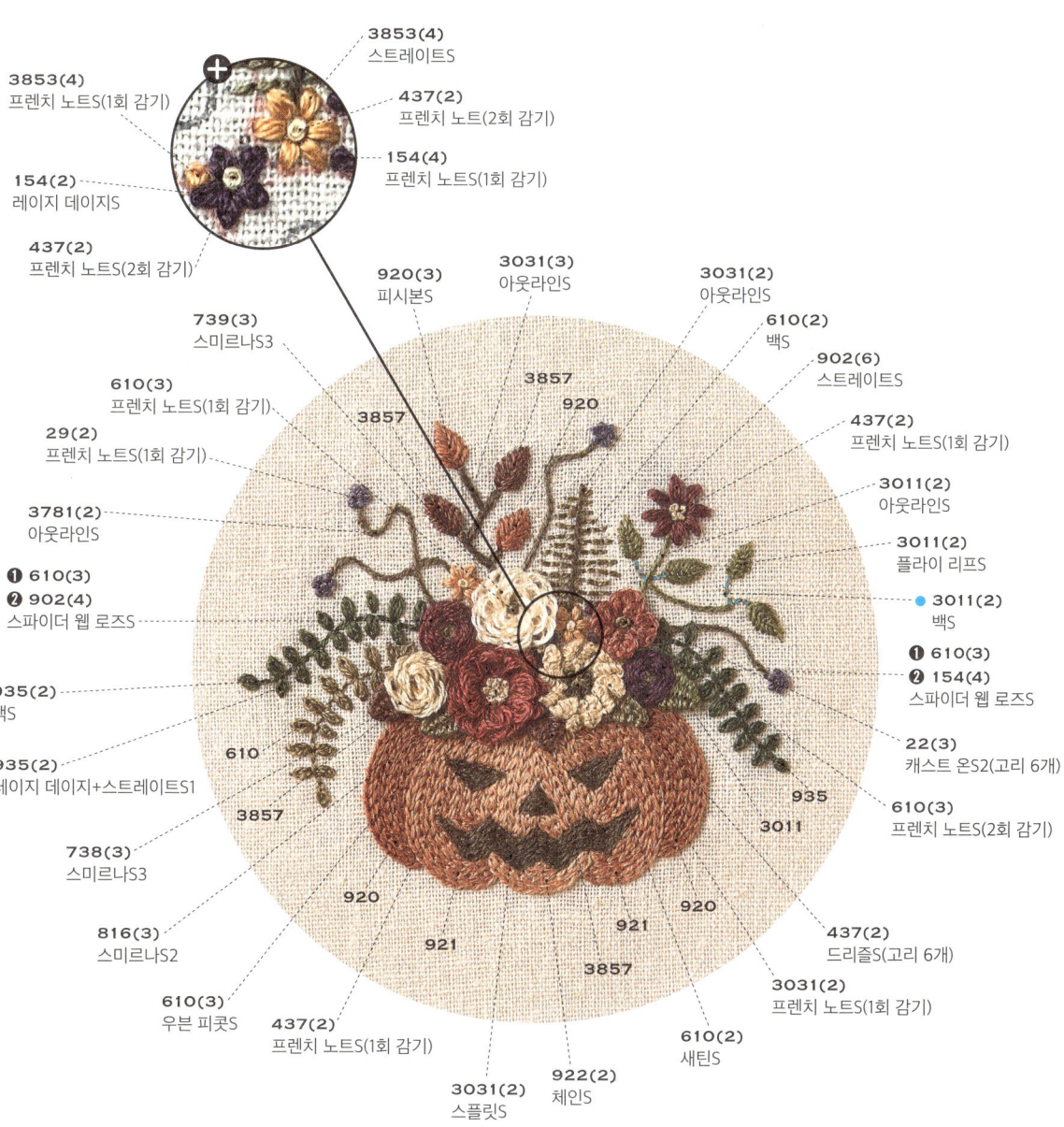

| 수놓는 방법 |

1 호박의 눈, 코, 입을 스플릿 스티치로 가장자리부터 수 놓고 안쪽을 촘촘하게 채운다.

2 호박은 체인 스티치로 안쪽에서 바깥쪽으로 밝은 색부 터 차례대로 수놓는다.

TIP | 눈, 코, 입 주변을 수놓을 때는 수가 놓인 부분의 아래로 비스듬 히 바늘을 넣고 빼서 틈이 생기지 않도록 해주세요.

3 입체 자수로 수놓는 꽃을 제외하고 줄기, 잎, 원단에 붙 어있는 꽃을 도안대로 하나씩 수놓는다.

4 왼쪽의 연노란색 꽃잎은 스미르나 스티치의 겹친 고리 형을 이용해 나선형으로 꽃잎의 가운데까지 촘촘하게 수놓는다.

5 붉은색 꽃잎은 스미르나 스티치로 바깥쪽부터 한 줄씩 수놓는다.

6 붉은색 꽃의 가운데 부분에 프렌치 노트 스티치로 수술 을 수놓는다.

7 아래쪽 연노란색 꽃잎은 드리즐 스티치로 수놓고 프렌치 노트 스티치와 새틴 스티치로 수술을 표현한다.

8 위쪽 빨간 꽃은 캐스트 온 스티치 고리형을 4개 수놓아 꽃잎을 만들고 프렌치 노트 스티치로 수술을 수놓는다.

9 위쪽 꽃잎은 스미르나 스티치 겹친 고리형으로 안쪽으로 갈수록 고리의 길이를 점점 짧게 하여 수놓는다. 가운데는 프렌치 노트 스티치로 수놓아 수술을 표현한다.

크리스마스 꽃다발 ◇

초록색 잎과 빨간색 장미 그리고 하얀 목화의 조합으로
크리스마스 분위기를 느낄 수 있는 꽃자수입니다.
수틀에 끈을 달면 트리 장식으로도 활용할 수 있어요.

도안 • PAGE 240

사용한 실	크리스마스 꽃다발	● 8 ● 890 ● 895 ● 816(DMC 5번사) ● E3821(DMC 라이트 이펙트사) ○ 991B(애플톤 울사)
	크리스마스 트리	● 8 ● 839 ● 890 ● 895 ● 816(DMC 5번사) ● E3821(DMC 라이트 이펙트사) ○ 991B(애플톤 울사)
	크리스마스 리스	● 500 ● 801 ● 816 ● 839 ● 934 ● 935 ● 3862 ○ 991B(애플톤 울사)
사용한 스티치	크리스마스 꽃다발	스트레이트S, 레이지 데이지+스트레이트S1, 아웃라인S, 레이지 데이지S, 프렌치 노트S, 스파이더 웹 로즈S, 휘프드 링S
	크리스마스 트리	스트레이트S, 레이지 데이지+스트레이트S1, 아웃라인S, 레이지 데이지S, 프렌치 노트S, 스파이더 웹 로즈S, 휘프드 링S, 체인S
	크리스마스 리스	프렌치 노트S, 백S, 새틴S, 스트레이트S, 레이지 데이지S, 아웃라인S, 스파이더 웹 로즈S, 휘프드 링S

| 수놓는 방법 |

1 스트레이트 스티치의 땀 길이를 조절하며 잎을 수놓는다. 아웃라인 스티치로 줄기를 곧게 수놓는다.

2 레이지 데이지 스티치 아래에 스트레이트 스티치를 수놓아 목화의 껍질 부분을 표현한다.

3 2회 감는 프렌치 노트 스티치로 금색 장식을 수놓는다.

4 작은 잎은 레이지 데이지 스티치로 뾰족한 모양을 살려 수놓고, 장미 3개를 스파이더 웹 로즈 스티치로 수놓는다.

5 풍성한 목화를 표현하기 위해 991B 실의 양쪽 끝을 같이 매듭지어서 2겹으로 사용한다.

TIP | 자수 실을 사용할 때는 보통 필요한 가닥수만큼 바늘에 끼워 한쪽 끝을 매듭짓지만, 울사는 실이 두꺼워 여러 가닥을 끼우기 어려우므로 양쪽 끝을 묶어 사용하기도 해요.

6 보조 바늘을 이용해서, 목화 솜을 휘프드 링 스티치로 풍성하게 수놓는다.

TIP | 꽃잎을 시계 반대 방향으로 수놓으면 먼저 놓은 스티치의 영향을 덜 받으며 실을 감을 수 있어요. 보조 바늘을 원의 끝부분(A)에 가깝게 넣고 실을 바짝 당겨 촘촘하게 수놓으세요.

7 장미와 목화가 어우러진 크리스마스 꽃다발 완성.

| 도안 응용하기 1 : 크리스마스 트리 |

1 크리스마스 꽃다발 과정 1~6을 참고하여 트리를 수놓아주세요.

2 체인 스티치로 'NOEL' 글씨를 수놓아주세요.

| 도안 응용하기 2 : 크리스마스 리스 |

1 얇은 잎, 줄기, 목화 껍질은 크리스마스 꽃다발 과정 1~4를 참고하여 수놓아주세요.

2 동그란 잎은 새틴 스티치로 수놓아주세요. 빨간 열매는 프렌치 노트 스티치로, 열매와 연결된 줄기는 백 스티치로 촘촘하게 수놓아주세요.

3 갈색 솔방울은 두 가지 색 실로 스파이더 웹 로즈 스티치를 수놓아 겹겹이 쌓인 모습을 표현하세요.

4 크리스마스 꽃다발 과정 5~6을 참고하여 목화를 수놓아 완성하세요.

Supplement

부록 : 실물 크기 도안

스티치 연습 1

HOW TO MAKE • PAGE 092

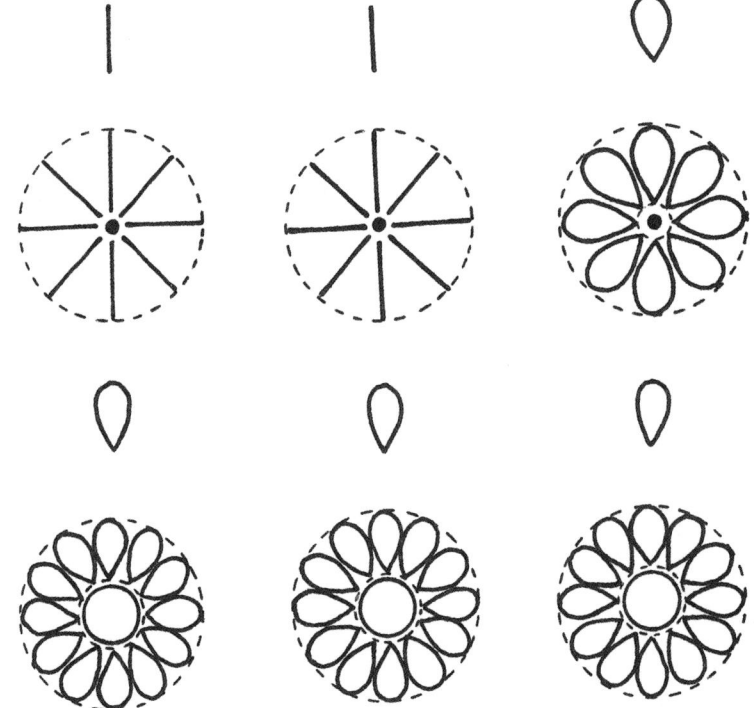

스티치 연습 2

HOW TO MAKE · PAGE 093

스티치 연습 3

HOW TO MAKE • PAGE 094

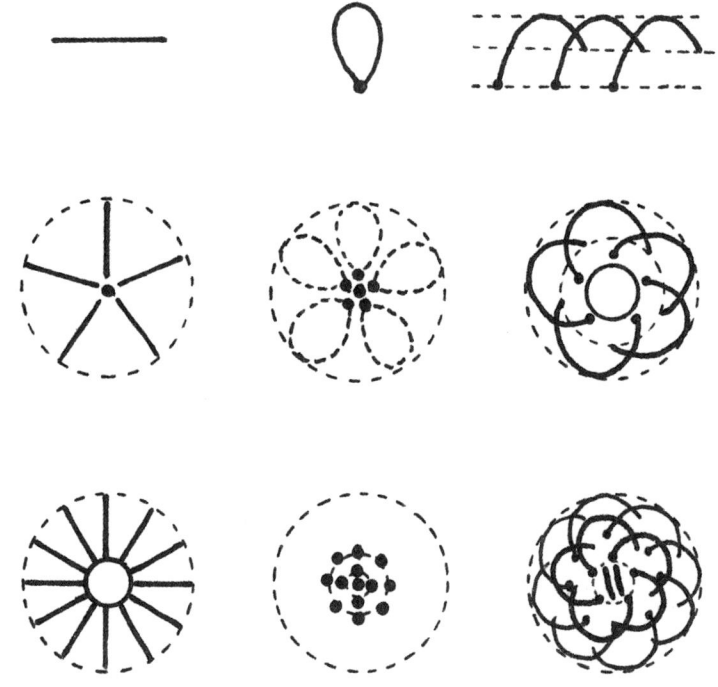

스티치 연습 4

HOW TO MAKE · PAGE 095

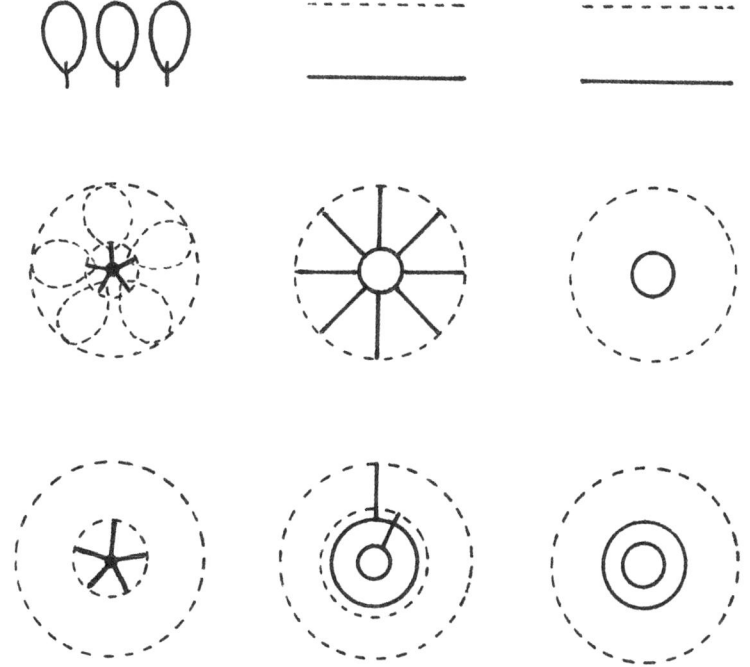

스티치 연습 5

HOW TO MAKE · PAGE 096

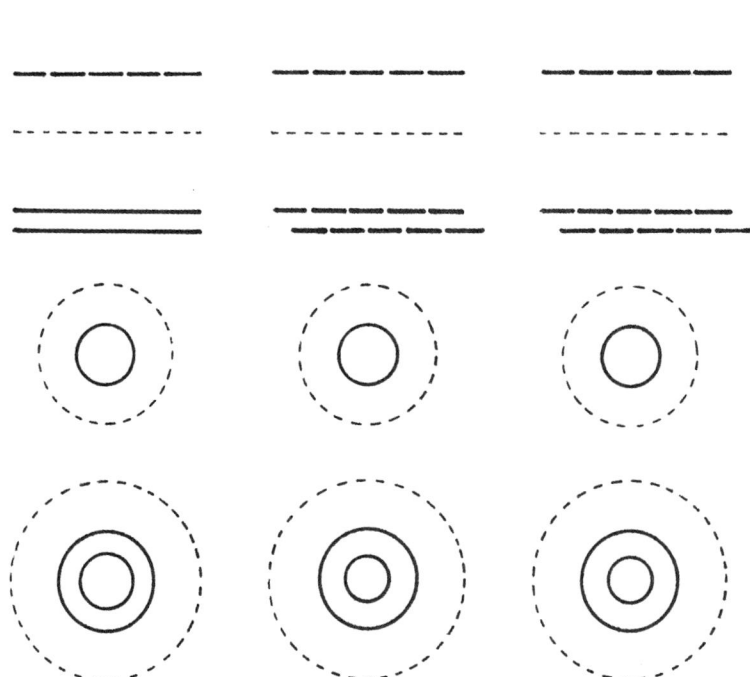

스티치 연습 6

HOW TO MAKE • PAGE 097

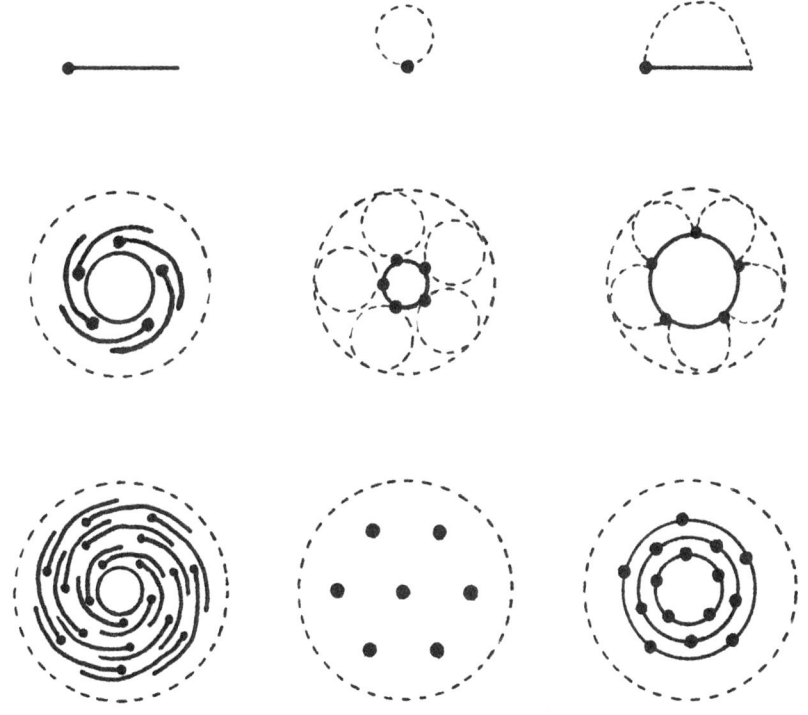

스티치 연습 7

HOW TO MAKE • PAGE 098

스티치 연습 8

HOW TO MAKE • PAGE 099

스티치 연습 9

HOW TO MAKE • PAGE 099

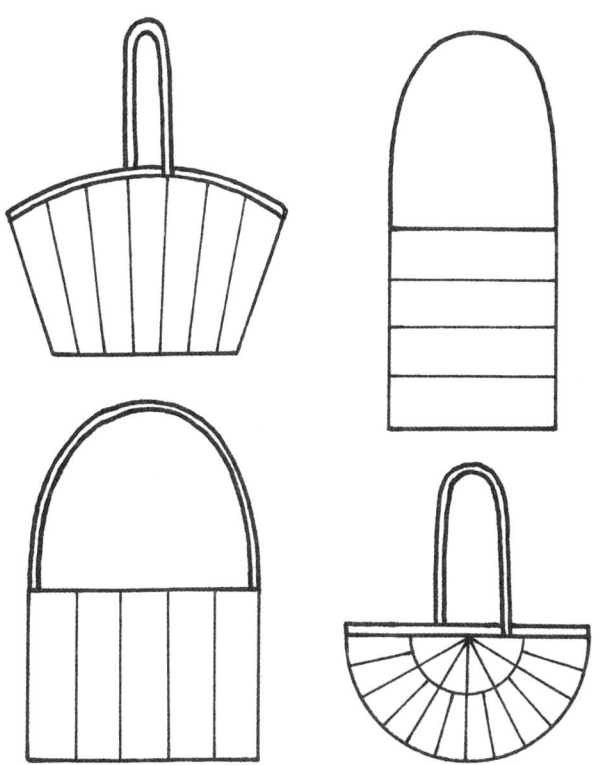

라벤더

HOW TO MAKE • PAGE 104

블루스타

HOW TO MAKE • PAGE 108

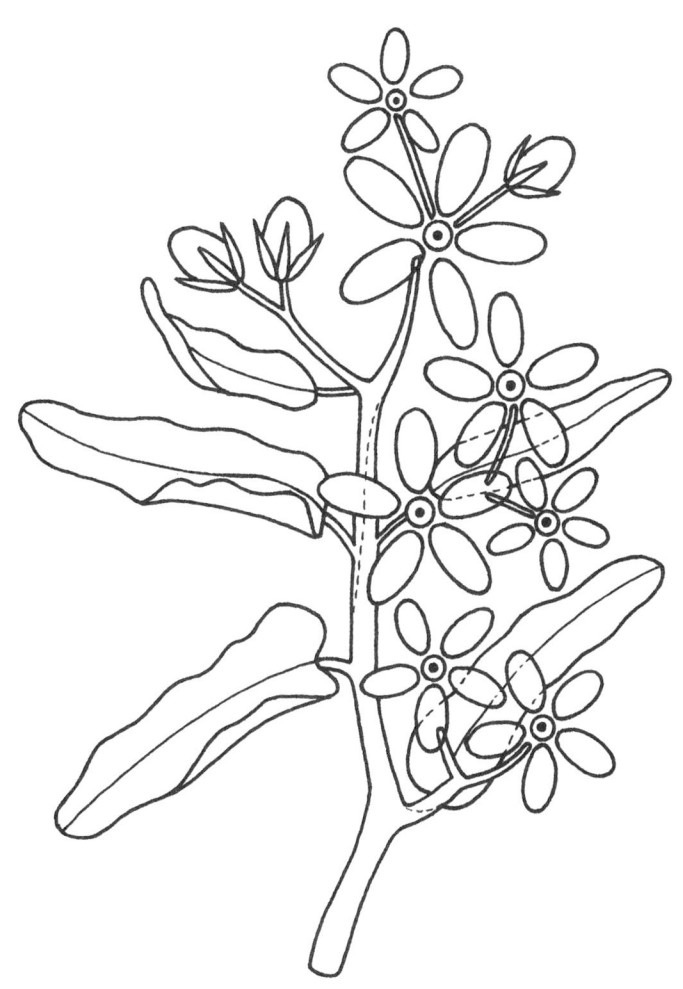

나비수국

HOW TO MAKE • PAGE 112

클레마티스

HOW TO MAKE • PAGE 116

해바라기

HOW TO MAKE • PAGE 122

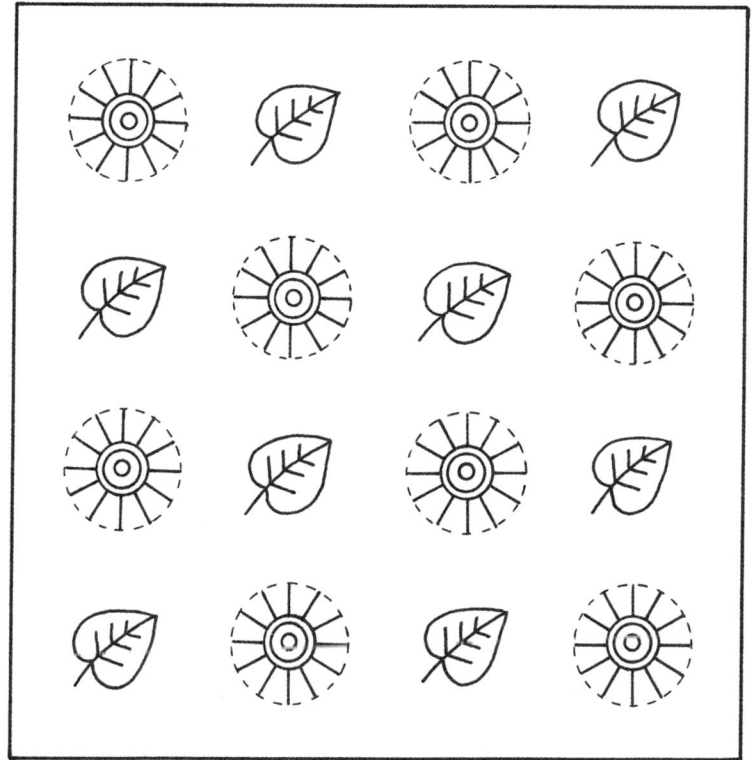

유채꽃

HOW TO MAKE • PAGE 126

아이슬란드 포피

HOW TO MAKE • PAGE 130

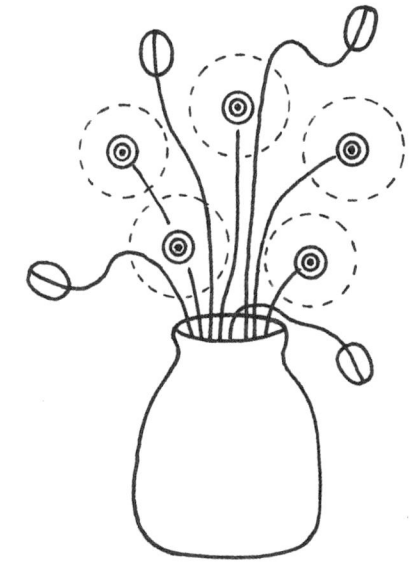

개나리

HOW TO MAKE • PAGE 134

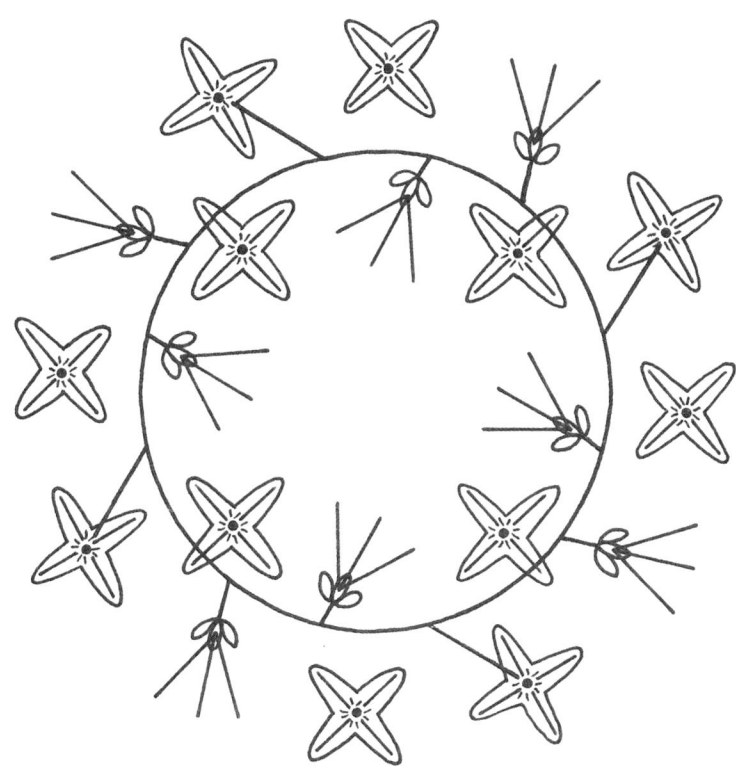

사과꽃

HOW TO MAKE • PAGE 140

매화

HOW TO MAKE • PAGE 144

벗꽃

HOW TO MAKE • PAGE 148

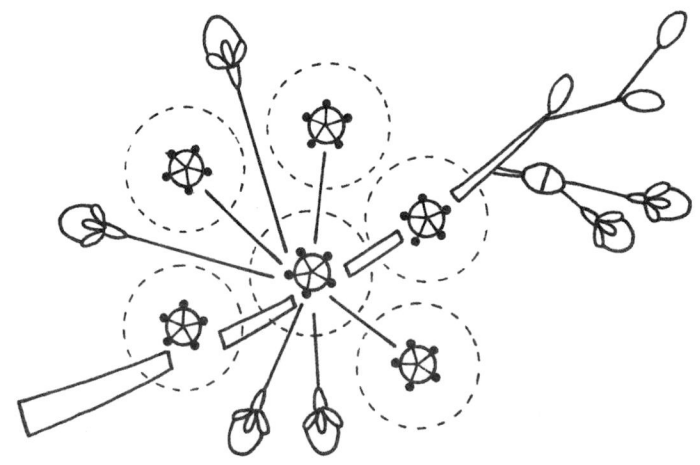

소국

HOW TO MAKE • PAGE 152

동백

HOW TO MAKE • PAGE 158

채송화

HOW TO MAKE • PAGE 162

꽃양귀비
HOW TO MAKE • PAGE 166

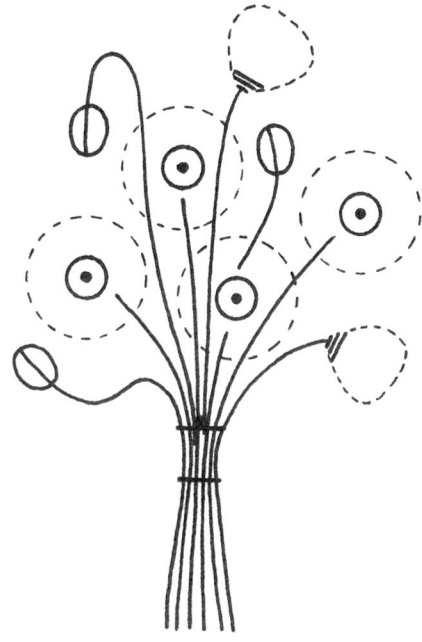

카네이션
HOW TO MAKE • PAGE 170

스노우드롭

HOW TO MAKE • PAGE 176

토끼풀

HOW TO MAKE · PAGE 180

백합

HOW TO MAKE • PAGE 184

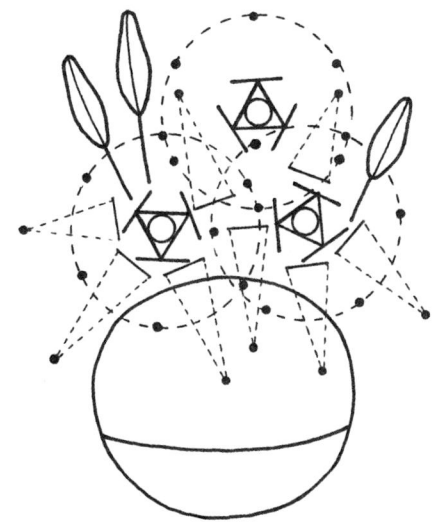

왁스플라워

HOW TO MAKE • PAGE 188

네 가지 화분

HOW TO MAKE · PAGE 194

가을 꽃수레

HOW TO MAKE · PAGE 198

핼러윈 호박

HOW TO MAKE • PAGE 202

크리스마스 꽃다발

HOW TO MAKE • PAGE 206

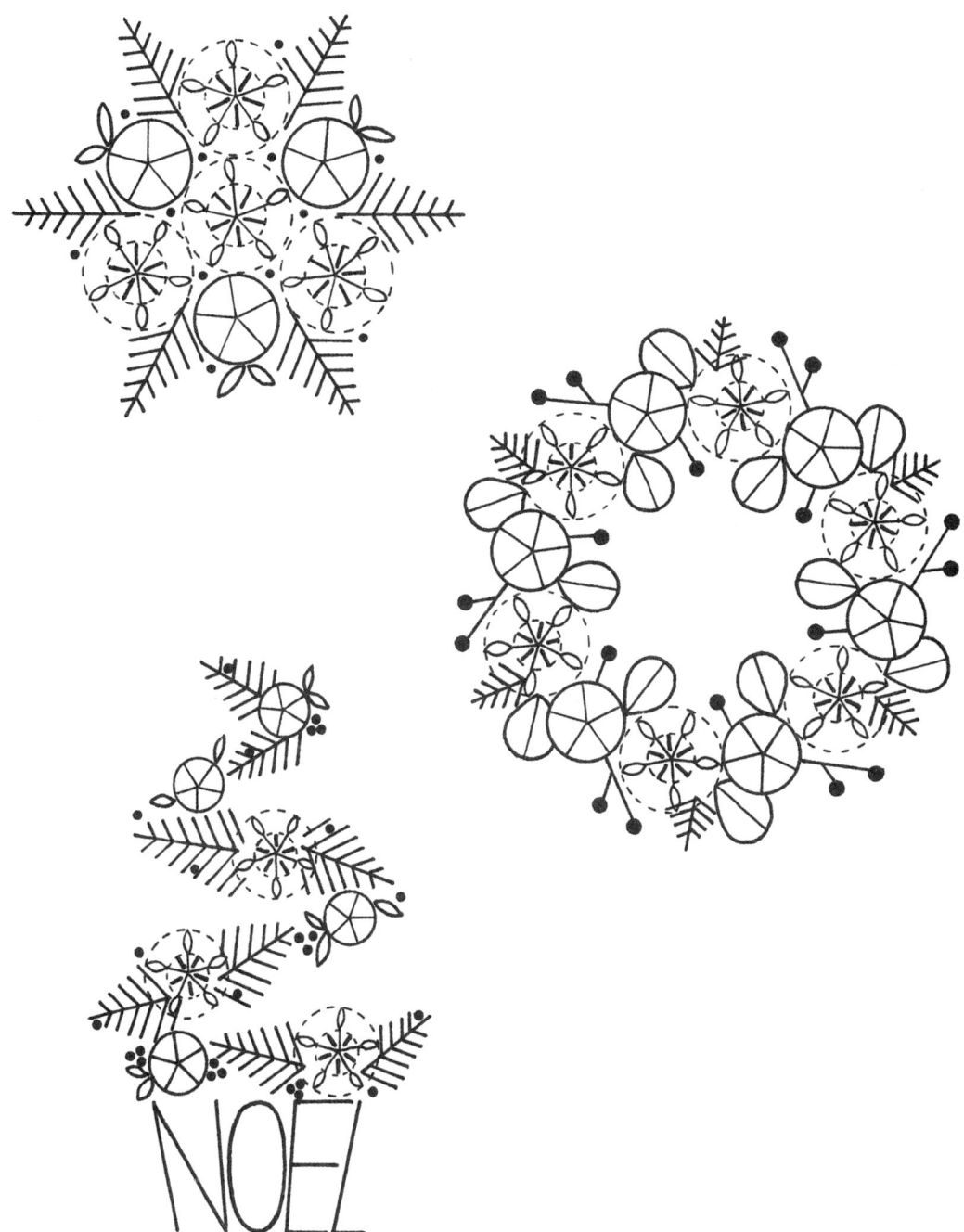